HISTOIRE

DES

DUCS DE BOURGOGNE.

TOME CINQUIÈME.

Philippe le bon.

Troisième Livraison.

PARIS. — IMPRIMERIE DE FAIN, RUE RACINE, N°. 4,
PLACE DE L'ODÉON.

HISTOIRE

DES

DUCS DE BOURGOGNE

DE LA MAISON DE VALOIS.

1364—1477.

PAR M. DE BARANTE,
PAIR DE FRANCE.

Scribitur ad narrandum non ad probandum.
QUINTILIEN.

QUATRIÈME ÉDITION.

Paris.
LADVOCAT, LIBRAIRE
De S. A. R. M. le Duc de Chartres,
Palais-Royal.

1826.

HISTOIRE

DES

DUCS DE BOURGOGNE.

PHILIPPE LE BON.

1419—1467.

LIVRE PREMIER.

Alliance du duc de Bourgogne avec les Anglais. — Traité de Troyes. — Siéges de Melun et de Meaux. — Batailles de Baugé et de Mons en Vimeu. — Mort de Henri V et de Charles VI. — Traités d'Amiens. — Batailles de Crevant et de Verneuil. — Aventures de madame Jacqueline de Haïnault.

Le 1er. septembre, tandis que le curé de Montereau faisait transporter dans son église, par quelques mendians de la ville, le corps de Jean duc de Bourgogne, renfermé dans la bière des pauvres, encore tout souillé de son sang, et vêtu de ses houzeaulx et de son pourpoint, les gens du Dauphin attaquèrent le château où s'étaient renfermés plusieurs serviteurs du Duc, sans munitions et sans artillerie. Après quelques coups de canon, ils furent sommés de se rendre; le sire Jean de la Tremoille et le sire de Neufchâtel ne savaient point ce qui était advenu à leur maître; ils le croyaient seulement prisonnier du Dauphin. Ils répondirent que ce château leur avait été confié par le duc de Bourgogne, et qu'ils ne le rendraient que sur son ordre. Pour lors, on amena, devant la porte, Antoine de Vergy, pris la veille sur le pont : « Frères, leur dit-il, mon- » seigneur le Dauphin m'ordonne de vous dire » que vous lui rendiez cette forteresse. Si vous » ne le faites, et qu'il vous prenne par force, » il vous fera trancher la tête. Si, au contraire, » vous la lui rendez, et que vous suiviez son » parti, il vous fera du bien, et vous donnera » large part dans les offices du royaume. — » Savez-vous des nouvelles de monseigneur? » répondirent-ils. Il montra la terre de son doigt, et ajouta : « Je vous conseille de rendre le châ- » teau. » Ils refusèrent encore. Les chevaliers

du Dauphin leur dirent : « Proposez vos con-
» ditions. » Ils revinrent un moment après, apportant par écrit les articles qu'ils demandaient : c'étaient la liberté de leur Duc et de ses serviteurs, la garantie des biens et meubles qui se trouvaient au château, un délai de quinze jours, afin de faire venir leurs chevaux, et un sauf-conduit pour s'en aller où bon leur semblerait [1].

Il leur fut répondu qu'ils n'eussent plus à parler du duc de Bourgogne qui ne pouvait leur être rendu : que ses serviteurs étaient prisonniers de monseigneur le Dauphin, qui les traiterait bien, et leur donnerait des offices dans le royaume : que ce qui appartenait au Duc dans le château serait remis par inventaire aux gens du Dauphin, qui en signeraient quittance, et que, quant à eux, on allait les conduire à Bray. Ils acceptèrent, et s'y rendirent sur-le-champ. La dame de Giac et Jossequin, qui étaient dans le château, restèrent avec le Dauphin et passèrent dans son parti.

---

[1] Monstrelet. — Lefebvre de Saint-Remy. — Mémoires de France et de Bourgogne. — Heuterus.

Dès que le sire de Neufchâtel fut à Bray, il écrivit au roi, à la duchesse de Bourgogne, au comte de Charolais, à la ville de Paris, et aux autres bonnes villes, pour leur rendre compte du crime commis sur la personne du duc de Bourgogne.

Lorsque la nouvelle fut connue à Troyes, la reine et le conseil du roi envoyèrent aussitôt Jean Mercier à la duchesse de Bourgogne, en lui écrivant[1] qu'elle mandât le plus tôt possible auprès du roi et pour sa défense les chevaliers, les vassaux, les hommes d'armes de son duché. Comme on craignait de lui porter un trop rude coup, le roi et la reine lui disaient seulement que son mari avait été blessé et retenu prisonnier. Jean Mercier était chargé de la préparer doucement à recevoir la triste nouvelle.

La Duchesse obéit à l'ordre qu'elle recevait; et en même temps elle envoya une ambassade solennelle au roi, pour demander justice et vengeance de la trahison consommée sur la personne de son seigneur et mari. Elle fit partir

[1] Lettres du roi et de la reine, 15 septembre.

aussi messire Gauthier de Rupes, et quelques autres serviteurs, pour aller trouver son fils en Flandre; enfin elle informa par lettres et ambassades, le pape et les princes de la chrétienté, de ce déplorable événement.

Le comte de Charolais était à Gand lorsque le message du sire de Neufchâtel lui arriva. Sa douleur fut grande: ses gouverneurs et son conseil ne pouvaient le calmer, ni sécher ses larmes; il ne voulait voir personne. « Michelle, » dit-il à sa femme, votre frère a assassiné mon » père. » La pauvre princesse ressentit vivement ces paroles: outre qu'elle était d'un excellent naturel, elle craignait que ce malheur lui ôtât à jamais le cœur de son mari qu'elle aimait tant. Cependant lui-même la consola, et lui montra plus d'affection que jamais.

Le nouveau Duc avait vingt-trois ans; malgré sa jeunesse, il se montra tout aussitôt animé du ferme désir de venger son père et de se maintenir dans une puissance que sûrement le parti du Dauphin allait s'efforcer de détruire. Après avoir consulté son conseil et les gens de Gand, d'Ypres et de Bruges, il prit, comme unique héritier du duc Jean, les titres de toutes ses seigneuries; puis il se rendit à Malines, où il eut une conférence avec le duc de Brabant son cousin, Jean de Bavière son oncle, le duc de Clèves son beau-frère, et la comtesse de Hainault. Dans cette assemblée de famille, il sembla qu'il fallait avant tout traiter avec le roi d'Angleterre et s'assurer son alliance; des ambassadeurs lui furent aussitôt envoyés [1].

Le Duc vint ensuite à Lille; ce fut là qu'il reçut les députés de Paris. La nouvelle de la mort de son père avait produit une indignation générale dans cette ville, qui se voyait par-là livrée à des malheurs terribles et inévitables. Dès le 12 septembre, le comte de Saint-Pol avait réuni dans la chambre du parlement le chancelier, plusieurs nobles capitaines et gens d'armes, le prevôt de Paris, le prevôt des marchands, d'autres conseillers et officiers du roi, des bourgeois et des habitans en grand nombre. Ils prêtèrent serment de lui obéir comme au lieutenant du roi de l'assister et de s'entendre avec lui pour la garde, la con-

[1] Heuterus. — Monstrelet. — Lefebvre de Saint-Remy.

servation et la défense de la ville, et généralement pour la conservation et défense du royaume : de résister de tout leur pouvoir aux damnables projets et entreprises des criminels, séditieux, infracteurs de la paix et de l'union, conspirateurs, coupables et consentans à l'homicide du feu duc de Bourgogne : d'en poursuivre la vengeance et la réparation : de vivre et mourir avec le comte de Saint-Pol dans cette poursuite : de dénoncer et accuser en justice tous ceux qui voudraient soutenir et aider lesdits criminels, et de ne faire aucun traité partiel à ce sujet sans le consentement l'un de l'autre.

C'est ce serment que maître de Morvilliers, premier président du parlement, vint porter au duc Philippe, tandis que d'autres envoyés allaient à Dijon le présenter à la duchesse Marguerite.

Le Duc répondit aux Parisiens, et écrivit aux autres bonnes villes, qu'il espérait leur faire avoir trêve avec les Anglais, et que si elles voulaient lui envoyer des députés le 17 d'octobre à Arras, on aviserait à ce qu'il convenait de faire. Rien n'était plus pressant, en effet, que de délivrer Paris des courses que les Anglais faisaient jusqu'aux portes de la ville ; la misère et la disette y augmentaient chaque jour.

Lorsque l'affluence commença à être grande à Arras, et avant l'ouverture des assemblées, le Duc fit faire un service solennel pour le salut de l'âme de son père. Cinq évêques et dix-neuf abbés mitrés y assistèrent. Le deuil fut mené par messire Jean de Luxembourg et messire Jacques de Harcourt. Frère Pierre Floure, inquisiteur de la foi au diocèse de Rheims, prêcha un fort beau sermon : il exhorta le Duc à ne point poursuivre la vengeance pour la mort de son père : il lui dit que c'était à la justice seule qu'il devait s'adresser pour obtenir réparation : qu'il pouvait prêter force à la justice, s'il le fallait, mais jamais se venger par sa seule puissance, ce qui n'appartient qu'à Dieu. De si chrétiennes paroles furent mal reçues des seigneurs qui étaient avec le Duc, et lui-même en sembla peu touché [1].

Les députés de Paris, qui tous étaient serviteurs ou partisans zélés du duc de Bour-

---

[1] Monstrelet.

gogne, consentirent facilement à ce qui leur fut proposé, et même au projet de traiter avec les Anglais. Ce n'est pas que ces ennemis du royaume ne fussent toujours en grande crainte et aversion au peuple de Paris; mais il était si malheureux, ceux qui le conduisaient avaient entretenu en lui une telle horreur pour les Armagnacs, les garnisons que le parti du Dauphin avait auprès de Paris commettaient de telles cruautés dans les campagnes, qu'on disait dans la ville avec un grand désespoir: « Mieux valent encore les Anglais que les Ar- » magnacs [1]. »

Tout le reste de l'année se passa en négociations et en messages [2]; le Dauphin lui-même essaya encore de traiter avec les Anglais; mais le roi Henri avait maintenant de plus grandes prétentions qu'auparavant. Le nouveau duc de Bourgogne, n'ayant plus d'autre idée que sa vengeance, ne songeait pas à les contester; et le roi d'Angleterre trouvait avantage évident à traiter avec lui.

[1] Journal de Paris.
[2] Lefebvre Saint-Remy. — Le Relig. de Saint-Denis.

Voici ce qu'il proposa : 1°. d'épouser madame Catherine, sans imposer aucune charge au royaume; 2°. de laisser au roi Charles la jouissance de sa couronne et les revenus du royaume pendant sa vie; 3°. qu'après sa mort, la couronne de France serait dévolue à jamais au roi Henri et à ses héritiers; 4°. qu'à cause de la maladie du roi qui l'empêchait de vaquer au gouvernement, le roi d'Angleterre prendrait le titre et l'autorité de régent; 5°. que les princes, les grands, les communes, les bourgeois, prêteraient serment au roi d'Angleterre comme régent, et s'engageraient à le reconnaître pour souverain après la mort du roi Charles.

Le duc Philippe signa des lettres patentes par lesquelles il approuvait ces articles et promettait de les appuyer au conseil du roi; en même temps il conclut un traité qui portait :

1°. Qu'un des frères du roi Henri épouserait une sœur du Duc;

2°. Que le roi et le Duc s'aimeraient et s'assisteraient comme frères;

3°. Qu'ils poursuivraient ensemble la punition du Dauphin et des autres meurtriers du duc Jean;

4°. Que si le Dauphin ou quelque autre desdits meurtriers était fait prisonnier, il ne pourrait être relâché sans le consentement du Duc;

5°. Que le roi d'Angleterre assignerait au Duc et à madame Michelle sa femme, des terres pour vingt mille livres de rente, dont hommage lui serait fait.

Moyennant ces conditions, une trêve fut accordée du 24 décembre au 1er. mars; le Dauphin et ses partisans en étaient formellement exceptés. En même temps le duc de Bourgogne assemblait ses vassaux et ses hommes d'armes pour faire une guerre vigoureuse aux Dauphinois. Ils venaient de surprendre la ville de Roye. Messire de Luxembourg se hâta d'aller l'assiéger avant qu'ils y fussent encore bien établis. En effet, ils ne purent s'y défendre long-temps, et il leur fut accordé de sortir saufs de corps et de biens; un sauf-conduit leur fut donné, et le sire Hector de Saveuse fut chargé de les escorter.

Cependant une compagnie d'Anglais, commandée par le comte d'Huntington et le seigneur de Cornwallis, ayant appris que les Dauphinois avaient de si bonnes conditions, accoururent à leur poursuite. Beaucoup de gentilshommes picards de l'armée du sire de Luxembourg, et surtout le bâtard de Croy, mécontens qu'on les eût ainsi privés de l'argent des rançons, se mirent avec les Anglais. Ils tombèrent ensemble sur les Dauphinois, sans écouter les représentations du sire de Saveuse. En vain il voulut prendre sous sa protection et réclamer comme son prisonnier le sire de Karados, chef de la garnison de Roye, le comte de Cornwallis se mit en devoir de le lui ôter. Comme ils se débattaient, l'Anglais donna un grand coup de poing avec son gantelet de fer au sire de Saveuse, et le repoussa brutalement. Saveuse était presque seul; il lui fallut endurer cette violence. Sans respect du sauf-conduit, les Dauphinois furent emmenés prisonniers par les Anglais.

Ceux qui tombèrent entre les mains du bâtard de Croy et des gentilshommes picards furent bien plus malheureux. Messire de

Luxembourg, dès qu'il sut que son sauf-conduit avait été enfreint, entra en grande colère et résolut de punir du moins ceux de son armée qui étaient sous son commandement direct. Il envoya ordre au seigneur de Croy de lui livrer son frère le bâtard, et au sire de Longueval de remettre le bâtard de Dunon, frère de sa femme. Les deux seigneurs ne tinrent nul compte de ce message et refusèrent d'obéir [2]. Le sire de Luxembourg déclara qu'il irait les prendre de force. Sa menace ne fut pas mieux écoutée; on lui répondit qu'il ne serait peut-être pas le plus fort; et pour que les prisonniers ne tombassent pas entre ses mains, on les mit à mort. Rien ne put être fait contre les coupables. Messire de Luxembourg renvoya son monde et revint auprès du duc de Bourgogne, qui s'apprêtait au voyage de Troyes.

Il partit au mois de février, et trouva à Péronne, où ils avaient été mandés, la plus grande partie de ses serviteurs et capitaines.

---

[1] 1419-1420 (v. st.). L'année commença le 7 avril.
[2] Monstrelet. — Fenin.

A Saint-Quentin, le comte de Warwick et d'autres ambassadeurs du roi d'Angleterre vinrent le rejoindre avec cinq cents chevaux. Comme il allait suivre sa route vers Troyes, les habitans de Laon le supplièrent de faire auparavant le siége de Crespy, dont la garnison désolait tout le pays; elle était commandée par de braves capitaines du parti du Dauphin, entre autres le sire de Vignolles, dont le surnom était la Hire, Pothon de Saintrailles et Naudonnet son neveu. Ils se défendirent d'abord vaillamment; mais l'armée de Bourgogne était nombreuse et superbe; on y voyait tous les seigneurs et chevaliers qui s'étaient rendus fameux sous le duc Jean: les sires de Luxembourg, de l'Isle-Adam, de Chastellux, Robert de Mailly, Guy de Bar, Antoine de Croy, les frères Fosseuse, le seigneur d'Imbercourt, le sire de Comines, le seigneur de Longueval, les frères Saveuse, le bâtard d'Harcourt. Le Duc amenait son chancelier l'évêque de Tournay, et ses conseillers les plus intimes les sires de Brimeu et de Robais; enfin il se rendait à Troyes avec toute sa puissance.

Les capitaines de Crespy ne pouvaient, sans

espoir de secours, résister à une telle armée. Le Duc faisait là ses premières armes; il ne voulut point traiter durement la garnison, et lui accorda de sortir sauve de corps et de biens. Mais à peine fut-elle en route, qu'elle fut pillée et dévalisée ; le Duc en fut très-courroucé, et fit rendre ce qu'on put recouvrer. Ces brigandages n'étaient pas fort surprenans; il avait dans son armée beaucoup de gens qui depuis long-temps avaient l'habitude de servir dans les compagnies, et de désoler les provinces. Il menait entre autres avec lui un nommé Tabary le Boiteux, chef d'une compagnie de paysans, qui était un des plus cruels brigands de ce temps-là.

Le Duc arriva le 28 mars à Troyes; les gentilshommes de Bourgogne et de France, les notables bourgeois et le peuple criant Noël, vinrent au-devant de lui. La reine et madame Catherine lui montrèrent le plus grand amour. Il prêta foi et hommage au roi pour le duché de Bourgogne, le comté de Flandre, le comté d'Artois et ses autres seigneuries. L'hommage ne fut pas en la même forme que celui de son père. Le doyenné de la pairie et la pairie de

Flandre furent compris dans l'hommage du duché de Bourgogne et du comté de Flandre, et considérés comme en dérivant. Il disposait de tout au conseil du roi, et se fit accorder de grands avantages. Le roi renonça au droit de racheter Lille, Douai et Orchies. Il assigna, au lieu de la dot en argent de madame Michelle sa fille, les villes de Péronne, Roye et Montdidier [1]. Il confirma la donation du comté de Tonnerre que le duc Jean avait obtenue un peu avant sa mort. Enfin il adjugea au duc de Bourgogne les biens des meurtriers de son père, et l'hôtel d'Armagnac qui était situé à Paris, rue Saint-Honoré, près l'église des Bons-Enfans.

Mais il se traitait alors d'autres affaires bien plus tristes et funestes au royaume. Dès le 9 avril, la reine et le duc de Bourgogne firent signer au roi qu'il accordait au roi d'Angleterre sa fille Catherine, qu'il le reconnaissait pour son héritier, au préjudice du Dauphin, et le nommait régent. Le malheureux roi

[1] Pièces justificatives des Mémoires de France et de Bourgogne.

n'avait plus ni sens ni mémoire. Ce fut une grande douleur et une indignation universelle de voir la reine transporter le noble royaume de France à ses anciens ennemis, qui, depuis tant d'années, le désolaient par mille ravages; on la détestait, de dépouiller ainsi son propre fils, en annulant les anciennes constitutions par lesquelles les rois avaient sagement ordonné que les femmes ne succéderaient pas à la couronne. On s'étonnait aussi que le duc de Bourgogne, un prince de la fleur-de-lis, ruinât son pays et sa famille, renonçât aux propres droits qu'il pouvait avoir, et s'abandonnât de la sorte par vengeance aux conseils des étrangers [1]. Les Anglais eux-mêmes s'émerveillaient d'un tel esprit d'aveuglement qui leur livrait de plein gré le royaume [2]. Les factieux de Paris eux-mêmes, tout animés qu'ils étaient d'une furieuse haine contre les Armagnacs et le Dauphin, trouvaient cependant cruel et honteux de devenir sujets des Anglais [3]. Tous

---

[1] Monstrelet.
[2] Chronique d'Hollinshed.
[3] Journal de Paris.

les prud'hommes, les bons et loyaux Français, regardaient ce traité comme damnable et de toute nullité [1] : « C'est une grande horreur, disaient-ils, de penser que quelque Français, noble ou non noble, non-seulement a pu favoriser ce traité, mais le voir, mais l'entendre, sans le détester ; il ne peut donner la paix ni spirituelle ni temporelle ; il est plein de divisions, guerres, meurtres, rapines, effusion de sang humain, et horribles séditions ; il tend à produire et à nourrir la trahison, le parjure, la déloyauté, et à mettre sous indigne sujétion et honteuse servitude, tous les habitans du noble royaume de France, clercs, nobles et bourgeois ; il doit être combattu par tout bon chrétien, de toute sa puissance ecclésiastique ou temporelle, chacun selon son état, spécialement par le pape, les prélats, les princes, encore plus par les pairs de France et les notables cités, enfin par tous ceux qui haïssent la tyrannie et aiment la vertu et une condition libre [2]. »

[1] Juvénal des Ursins.
[2] Réponse d'un bon et loyal Français au peuple de

Cependant les divers offices de la ville de Paris étaient si bien occupés tous par des partisans et des serviteurs du duc de Bourgogne, que lorsque, le 29 avril, le Parlement, la chambre des comptes, l'Université, le chapitre, les gens du roi près le Parlement et le châtelet, le prevôt de Paris et le prevôt des marchands, les quarteniers, cinquanteniers et dizeniers, réunis par le comte de Saint-Pol et le chancelier, reçurent communication du projet de traité avec les Anglais, pas une voix ne s'éleva pour s'y opposer [1].

Les ambassadeurs du roi exposèrent de sa part que le duc de Bourgogne, étant récemment arrivé dans la ville de Troyes, avait, devant plusieurs barons, nobles, prélats, conseillers, procureurs et ambassadeurs des communes et bonnes villes du royaume, fait rendre compte par l'évêque de Tournay son chancelier, de ce qu'il avait, par ordre du roi et de la reine, et par le conseil des bonnes

---

France et de tous états. Pièces justificatives des Mémoires de France et de Bourgogne.

[1] Reg. du Parlement.

villes, conclu avec le roi d'Angleterre. Cet évêque avait déclaré que ce n'était nullement par vengeance que son maître proposait ce traité, mais pour remédier aux périls, à la désolation, à la destruction du royaume, pour éviter l'effusion du sang humain, pour relever le peuple des oppressions et griefs qu'il avait soufferts et souffrait encore, pour le gouverner avec justice, paix et tranquillité.

Les ambassadeurs ajoutèrent que le roi, la reine, les barons, les prélats, les communes assemblées à Troyes, s'étaient informés préalablement de la personne et de l'état du roi d'Angleterre : qu'on le disait prudent et sage, aimant la paix et la justice [1], maintenant parmi ses gens de guerre une bonne discipline, s'opposant à leurs débauches, chassant de son camp les filles de mauvaise vie, protégeant le pauvre peuple, affable pour les petits comme pour les grands, défenseur sévère des églises et des couvens, ami des sages et doctes clercs, soumis à la volonté de Dieu, le louant dans la

---

[1] Le Religieux de Saint-Denis.

bonne fortune, et se soumettant sans colère à la mauvaise. On ajoutait qu'il était de noble contenance et d'agréable visage. Ayant par ces discours cherché à donner bonne espérance au peuple, les ambassadeurs déclarèrent que, sauf certaines modifications, le traité conclu par le duc de Bourgogne avait été ratifié. On avait, disaient-ils, considéré surtout les discordes du royaume, la conduite du fils du roi soi-disant Dauphin, et des gens avoués de lui, qui, enfreignant les traités jurés et les sermens prêtés, avaient déloyalement mis à mort le feu duc de Bourgogne, s'étaient ainsi rendus indignes de toute dignité et honneurs, avaient encouru les peines et malédictions contenues dans les traités, et absous chacun de foi, service, hommage et fidélité.

Le chancelier de France rappela à l'assemblée que ce traité était conforme au désir que la bonne ville de Paris avait déjà montré, et à ce que ses députés avaient réglé à Arras avec le duc de Bourgogne ; puis il demanda si l'on voulait persévérer et adhérer au traité communiqué par le roi. « Oui, oui, » crièrent-ils avec acclamation et tout d'une voix ; « vive le

» roi, la reine et monseigneur de Bourgogne. »
Dès le lendemain le chancelier et le premier président se joignirent aux ambassadeurs, et se rendirent à Pontoise près du roi d'Angleterre, pour le prier de consentir aux modifications proposées à Troyes.

Dès le 13 avril, le duc de Bourgogne s'était empressé d'annoncer à ce prince que tout était conclu, et qu'il pouvait arriver. Pendant que les négociations se continuaient, le Duc fit assiéger par son armée diverses forteresses que les gens du dauphin occupaient en Champagne et sur les marches de la Bourgogne; elles se défendirent vaillamment. Jean de Luxembourg fut blessé grièvement et perdit l'œil au siége d'Alibaudière. On échoua devant Couci, et le brigand Tabarri y fut tué; le couvent d'Équan Saint-Germain, près d'Auxerre, fut pris[1]. La route de Troyes à Dijon se trouvant plus libre après ces expéditions, la duchesse douairière de Bourgogne et son fils, qui ne s'étaient point vus depuis la mort du duc Jean, se donnèrent rendez-

[1] Histoire de Bourgogne.

vous à Châtillon [1]. Elle le pria de présenter au roi la requête qu'elle avait fait dresser dans son conseil, pour demander justice des meurtriers de son mari. Mais le temps n'était pas bien choisi ; le Duc avait laissé la reine uniquement occupée de se préparer aux fêtes qu'on allait donner pour célébrer l'arrivée du roi d'Angleterre et son mariage avec madame Catherine : lui-même retourna à Troyes promptement pour la recevoir.

Le roi d'Angleterre arriva en effet le 20 mai, accompagné de ses deux frères, le duc de Glocester et le duc de Clarence, d'une suite nombreuse et brillante, et de sept mille hommes d'armes [2]. Le duc de Bourgogne alla au-devant de lui avec les seigneurs de France, et le conduisit à l'hôtel qui lui avait été préparé. Après quelques momens de repos, le roi Henri alla rendre visite au roi et à la reine de France, qu'il trouva dans l'église Saint-Pierre avec madame Catherine. Tout avait été réglé d'avance ; la cérémonie des fiançailles

---

[1] Monstrelet. — Fenin.
[2] Monstrelet. — Chronique d'Hollinshed.

se fit sur-le-champ, et le lendemain, après avoir changé encore quelques articles, le roi d'Angleterre et le roi signèrent ce fameux traité de Troyes, qui fut la honte du royaume. Il fut publié en la forme suivante :

« Charles, par la grâce de Dieu, roi de France, à tous nos baillis, prevôts, sénéchaux et autres chefs de nos justices, ou à leurs lieutenans, salut : Un accord final et une paix perpétuelle ont été faits et jurés par nous et notre très-cher et très-aimé fils, Henri, roi d'Angleterre, héritier et régent pour nous de la royauté de France, au moyen du mariage de lui et de notre très-chère et très-aimée fille Catherine, et au moyen aussi de différens articles faits, passés et accordés par chaque partie, pour le bien et l'utilité de nos sujets et la sûreté de nos pays; par le moyen de cette paix, nosdits sujets et ceux de notre fils pourront communiquer, commercer et besogner les uns avec les autres en-deçà et au-delà de la mer.

1°. Notre fils le roi Henri nous honorera dorénavant comme son père, et notre compagne la reine comme sa mère, et ne nous empêchera pas durant notre vie de jouir et posséder paisiblement notre royaume.

2°. Il ne mettra empêchement ni trouble à ce que nous tenions et possédions tant que nous vivrons, et comme maintenant, la couronne, la dignité royale de France et les revenus, fruits et profits qui y sont attachés pour soutenir notre état et les charges du royaume; et à ce que notre compagne tienne tant qu'elle vivra état et dignité de reine, selon la coutume du royaume, avec partie convenable desdits revenus et rentes.

3°. Notre fille Catherine aura et prendra au royaume d'Angleterre un douaire, tel que les reines ont accoutumé d'avoir; c'est à savoir soixante mille écus par an, que travaillera à lui assurer notre fils le roi Henri, sans pourtant transgresser ou offenser le serment qu'il a prêté d'observer les lois, coutumes et droits de son royaume d'Angleterre.

4°. Il est accordé qu'aussitôt après notre trépas, et dès lors en avant, la couronne et royaume de France avec tous leurs droits et appartenances, seront perpétuellement, et demeureront à notre fils le roi Henri et à ses héritiers.

5°. Comme nous sommes la plupart du temps empêchés d'aviser par nous-même et de vaquer à la disposition des besognes de notre royaume, la faculté et l'exercice de gouverner et d'ordonner la chose publique seront et demeureront, notre vie durant, à notre fils le roi Henri, avec le conseil des nobles et sages du royaume, qui nous obéiront, et qui aimeront l'honneur et le profit dudit royaume. Ayant ainsi la faculté et l'exercice du gouvernement, il travaillera affectueusement, diligemment et loyalement, à l'honneur de Dieu, de nous et de notre compagne, et pour le bien du royaume à le défendre, le tranquilliser, l'apaiser et le gouverner selon l'exigence de la justice et de l'équité, avec le conseil et l'aide des grands seigneurs, barons et nobles du royaume.

6°. Notre fils fera de tout son pouvoir pour que la cour du parlement de France soit maintenant et au temps à venir conservée et gardée dans l'autorité et souveraineté qu'elle doit avoir dans les lieux qui nous sont sujets.

7°. Notredit fils défendra et conservera tous et chacun, nobles, pairs, cités, villes, communautés et personnes, dans leurs droits accoutumés, priviléges, prééminences, libertés et franchises à eux appartenant.

8°. Il travaillera et fera de tout son pouvoir pour que la justice soit administrée dans le royaume selon les lois accoutumées et les droits du royaume de France, sans acception de personnes : conservera et tiendra les sujets en paix, tranquillité, et, au risque de son corps, les défendra de violences ou d'oppressions quelconques.

9°. Il fera son possible pour que les offices, tant de justice dans le Parlement, que dans les bailliages, sénéchaussées et autres, dépendant de la seigneurie du royaume, soient pris par des personnes habiles, profitables, et propres à un régime bon, juste, paisible et tranquille, et à l'administration qui doit leur être commise, et qu'ils soient tels qu'ils doivent être délégués et choisis selon les lois et droits du royaume.

10°. Notre fils travaillera de tout son pouvoir, et le plus tôt que faire se pourra, à remettre en notre obéissance toutes et chacune des villes, cités, châteaux, lieux, pays et personnes de notre royaume, qui tiennent le parti vulgairement appelé du Dauphin ou d'Armagnac.

11°. Afin que notre fils puisse faire exercer et accomplir les choses susdites profitablement, sûrement et franchement, il est accordé que les grands seigneurs, barons et nobles, et les États du royaume, tant spirituels que temporels, et aussi les cités et notables communes, les citoyens et bourgeois des villes, à nous obéissant, feront serment d'obéir et d'écouter humblement en toutes choses les mandemens et commandemens concernant l'exercice du gouvernement du royaume, qu'ils recevront de notredit fils : de garder bien et loyalement, et de faire garder par tous autres, en tout et partout, et autant que cela les pourra toucher, les choses qui sont ou seront appointées et accordées entre nous, notre compagne la reine et notre fils le roi Henri, avec le conseil de ceux que nous, notre compagne et notredit fils auront à ce commis : aussitôt après notre trépas, d'être féaux et hommes liges de notredit fils et de ses héritiers : de le recevoir pour leur seigneur lige et souverain, pour vrai roi de France, sans aucune opposition, contradiction ni difficulté : de lui obéir comme tel, et de ne jamais obéir à d'autres, comme roi ou régent, qu'à notre fils le roi Henri : de ne jamais entrer en conseil, aide ou consentement, pour qu'il perde la vie ou les membres, ou qu'il soit pris par mauvaise prise, ou qu'il souffre dommage ou diminution dans sa personne, son état, son honneur ou ses biens : d'empêcher de tout leur pouvoir ce qui pourrait être machiné contre lui, et de le lui faire savoir le plus tôt qu'ils pourront, par message ou par lettres.

12°. Il est accordé que toutes et chacune conquêtes qui se feront au royaume de France par notre fils le roi Henri, seront à notre profit, hormis le duché de Normandie, et qu'il fera que toutes les seigneuries situées dans les lieux de notre obéissance, appartenant aux personnes qui nous obéissent et qui jurent de garder la présente concorde, seront restituées à ceux à qui elles appartiennent.

13°. Il est accordé que toutes personnes ecclésiastiques, bénéficiées dans ledit duché ou dans quelque autre lieu du royaume de

France, obéissant à nous et à notre fils, et favorisant le parti de notre très-cher et très-aimé fils le duc de Bourgogne, qui jureront de garder cette présente concorde, jouiront paisiblement de leurs bénéfices.

14°. Que toutes et chacune des églises, Universités, études générales, colléges ecclésiastiques, situés aux lieux qui nous sont sujets ou dans le duché de Normandie, jouiront de leurs droits, possessions, rentes, prérogatives, libertés, franchises, prééminences, à eux appartenant ou dus, sauf les droits de la couronne ou de tous autres.

15°. Quand notre fils le roi Henri adviendra à la couronne de France, le duché de Normandie et tous les autres lieux conquis par lui dans le royaume, seront dans la monarchie et juridiction de la couronne de France.

16°. Le roi Henri compensera aux personnes à nous obéissant et favorisant le parti de Bourgogne, les seigneuries, revenus et possessions dont il a déjà pris possession dans le duché de Normandie ou ailleurs; ladite compensation se fera non au détriment de la couronne, mais sur les terres acquises et à acquérir des rebelles et désobéissans ; et si cette compensation n'était pas faite lors de notre mort, le roi Henri la fera quand il sera venu à la couronne. Mais si les terres, seigneuries et possessions desdites personnes du parti de Bourgogne n'ont pas encore été données, elles seront restituées sans délai.

17°. Durant notre vie, dans tous les lieux qui nous sont présentement sujets ou le deviendraient à l'avenir, les lettres de commune justice, de don, de rémission, de priviléges, devront être écrites sous notre nom et sceau ; toutefois, comme il peut arriver tels cas singuliers que l'esprit de l'homme ne saurait prévoir, auxquels il serait nécessaire que notre fils le roi Henri fît écrire, cela lui sera loisible pour le bien et la sûreté du gouvernement, qui lui appartient ainsi qu'il a été dit, et pour éviter les inconvéniens et périls qui autrement pourraient arriver ; alors il mandera, défendra et commandera de par nous, et de par lui comme régent.

18°. Toute notre vie durant, notre fils le roi Henri ne se nommera, fera nommer ni écrira roi de France, et s'abstiendra de ce nom tant que nous vivrons.

19°. Il est accordé que nous le nommerons en langage français : Notre très-cher fils Henri, roi d'Angleterre et héritier de France ; et en langue latine : *Noster præclarissimus filius Henricus, rex Angliæ, hæres Franciæ.*

20°. Notre fils n'imposera ni ne fera imposer aucune imposition ni exaction à nos sujets, sans cause raisonnable et nécessaire, ni autrement que pour le bien public du royaume, et selon l'ordonnance et exigence des lois et coutumes raisonnables approuvées dudit royaume.

21°. Afin que concorde, paix et tranquillité entre les royaumes de France et d'Angleterre soient pour le temps à venir perpétuellement observées, et qu'on obvie aux obstacles et recommencemens par lesquels des débats, des discords et des dissensions pourraient sourdre au temps à venir, ce que Dieu ne veuille, notredit fils travaillera de tout son pouvoir à ce que, de l'avis et du consentement des trois États de chaque royaume, soit ordonné et pourvu que dès le temps où notre fils sera venu à la couronne de France, les deux couronnes de France et d'Angleterre demeurent à toujours ensemble et réunies sur la même personne, c'est à savoir la personne de notre fils le roi Henri, tant qu'il vivra, et de là en avant, aux personnes de ses héritiers successivement, les uns après les autres, et à ce que les deux royaumes soient gouvernés non divisément sous divers rois, mais sous une même personne qui sera roi et seigneur souverain de l'un et de l'autre; mais gardant, en toutes autres choses, toutes les lois de chacun, et ne soumettant en aucune manière un des royaumes à l'autre, ni aux lois, droits, coutumes et usages de l'autre.

22°. Dès maintenant et perpétuellement se tairont et s'apaiseront de tous points, divisions, haines, rancunes, iniquités et guerres entre les deux royaumes, et les deux peuples adhéreront à ladite concorde, et il y aura, dès maintenant et à toujours, paix, tranquillité, concorde, amitié ferme et stable, affection mutuelle envers et contre tous; les deux royaumes s'aideront de conseil et d'assistance contre toutes personnes qui s'efforceraient de faire dommage à eux ou à l'un d'eux; et ils communiqueront et marchanderont l'un avec l'autre franchement et sûrement, en payant les devoirs ou coutumes dus ou accoutumés.

23°. Tous les confédérés et alliés des royaumes de France et d'Angleterre qui, dans le délai de huit mois après que la présente paix leur sera notifiée, auront déclaré vouloir fermement adhérer à ladite concorde et être compris dans le traité, y seront compris en effet, sauf toutefois les actions, droits en réparations que l'une et l'autre couronne, ou ses sujets, pourraient avoir à exercer contre lesdits alliés.

24°. Il est accordé que notre fils le roi Henri, avec le conseil de notre très-cher fils Philippe de Bourgogne, et des autres nobles du royaume, qui seront pour ce appelés, pourvoira au gouvernement de notre personne, sûrement, convenablement et honnêtement, selon l'exigence de notre état et de la dignité royale, de telle manière que ce soit l'honneur de Dieu et le nôtre, celui du royaume de France et de nos sujets. Toutes personnes, tant nobles qu'autres, qui seront autour de nous pour notre personne et notre service domestique, non pas seulement en titre d'office, mais de toute autre manière, seront nés au royaume de France, ou dans des lieux de langage français, bonnes personnes, sages, loyales, idoines audit service.

25°. Il est accordé que nous résiderons et demeurerons personnellement dans un lieu notable de notre obéissance, et non ailleurs.

26°. Considérant les horribles et énormes crimes et délits commis par Charles, soi-disant Dauphin de Viennois, il est accordé que nous, notredit fils le roi, et aussi notre très-cher fils Philippe, duc de Bourgogne, nous ne traiterons aucunement de paix et de concorde avec ledit Charles, sinon du consentement et du conseil de tous et de chacun de nous trois, et des trois États du royaume.

27°. Sur les choses susdites et sur chacune d'elles, outre nos lettres-patentes scellées de notre grand sceau, nous donnerons et ferons donner à notre fils le roi Henri lettres-patentes approbatives et confirmatoires de notre susdite compagne, de notre fils Philippe de Bourgogne, et autres de notre sang royal, des grands seigneurs, barons, cités et villes à nous obéissant, desquels, pour notre part, le roi Henri voudra avoir des lettres.

28°. Semblablement notre fils le roi Henri, pour sa part, nous fera donner et faire pour ces mêmes choses, outre ces lettres-patentes scellées de son grand sceau, lettres-patentes approbatives et confirmatoires de ses très-chers frères, et autres de son sang royal, des grands seigneurs, barons, des cités et villes à lui obéissant, desquels nous voudrons avoir des lettres.

Toutes lesquelles choses susdites et écrites, nous, Charles, roi de France, pour nous et nos héritiers, sans dol, fraude ni mauvais artifice, promettons et jurons, en parole de roi, sur les saints Évangiles de Dieu par nous corporellement touchés, de faire accomplir et observer, et de faire observer et accomplir par nos sujets; et que nos héritiers n'iront jamais au contraire des choses susdites en aucune manière, en jugement et hors jugement, directement ou obliquement, ou sous quelque couleur déguisée que ce soit. Et, afin que ces choses soient fermes et stables perpétuellement et à toujours, nous avons fait mettre notre sceau à ces présentes lettres. Donné à Troyes, le 21 mai 1420.

En même temps le duc de Bourgogne et le roi d'Angleterre renouvelèrent et consacrèrent le traité d'alliance déjà conclu à Arras, et le Duc prêta le serment suivant [1] :

« Nous, Philippe, duc de Bourgogne, pour nous et nos héritiers, jurons sur les saints Évangiles de Dieu, à Henri, roi d'Angleterre et régent de France pour le roi Charles, de lui obéir humblement et fidèlement dans tout ce qui concerne la couronne et chose publique de France ; et, aussitôt après la mort du roi Charles notre seigneur, d'être perpétuellement homme lige et fidèle du roi Henri et de ses successeurs : de n'avoir ni de souffrir pour souverain seigneur roi de France aucun autre que le roi Henri et ses héritiers ; de n'entrer jamais en conseil ni consentement d'aucun tort qui pourrait être fait au roi Henri et à ses successeurs, par lequel ils auraient à souffrir en leurs corps ou en leurs membres, ou à perdre la vie ; mais au contraire de leur annoncer diligem-

[1] Chronique d'Hollinshed.

ment, autant qu'il sera en notre pouvoir, lesdits desseins par lettres ou messages. »

Un grand nombre de seigneurs spirituels et temporels, qui se trouvaient dans la ville de Troyes, prêtèrent aussi le même serment. Mais ces traités et cette soumission à l'ennemi du royaume jetaient dans une profonde affliction beaucoup de gens, même parmi ceux qui étaient attachés au duc de Bourgogne. Il fallut qu'il donnât à plusieurs d'entre eux le commandement formel de jurer cette paix, qui leur semblait une trahison. Il eut grand'peine à y décider Jean de Luxembourg et Louis son frère, évêque de Thérouenne : « Vous le vou-
» lez, dirent-ils, nous prêterons ce serment,
» mais aussi nous le tiendrons jusqu'à la
» mort [1]. » De moins illustres serviteurs, qui avaient passé de longues années dans la maison de son père, le quittèrent et s'en retournèrent tristement chez eux. On les traitait d'Armagnacs ; mais ils étaient seulement bons et loyaux Français [2]. Dans tout son duché, les

---

[1] St.-Remi.
[2] Juvénal.

villes refusèrent d'abord de prêter serment au roi d'Angleterre[1].

Le 2 de juin on célébra le mariage du roi d'Angleterre et de madame Catherine dans l'église de Saint-Jean, à Troyes. Henri de Savoisy, archevêque de Sens, officia au mariage, et bénit le lit des mariés. Dans la nuit on vint leur porter la soupe au vin, car le roi Henri avait voulu que tout se passât à la mode de France. Le lendemain il donna un grand festin au roi, au duc de Bourgogne et aux grands seigneurs de France. On voulait aussi avoir quelque beau tournoi; mais il s'y refusa[2]. « Je prie, dit-il, monseigneur le roi de per-
» mettre, et je commande à tous ses serviteurs
» et aux miens que nous soyons prêts demain
» matin pour aller mettre le siége devant la
» cité de Sens, où sont les ennemis du roi.
» Là, chacun de nous pourra joûter, tourno-
» yer et montrer sa prouesse et son courage;
» car il n'y a pas de plus belle prouesse que de
» faire justice des méchans, pour que le pau-

[1] Histoire de Bourgogne.
[2] Journal de Paris.

» vre peuple puisse vivre. » Il tint aussi à tous ceux qui étaient présens un discours plein de gravité[1]; il parla de l'avantage que trouveraient les deux royaumes à être sujets du même roi. Il dit que, bien qu'il fût né Anglais, il s'occuperait avec autant de zèle de la prospérité du royaume de France que de celle de sa terre natale: que d'ailleurs il était né Français par les femmes, ce qui était toujours plus certain. Il répéta que le Dauphin était le seul chef et la seule cause de la guerre civile; et que par le meurtre du duc Jean il avait bien montré son mauvais naturel et ses dispositions cruelles. Il ordonna donc aux seigneurs, conformément à leur devoir, leur serment et leur consentement, de venir avec lui, et de l'aider à réduire ce fils obstiné et déloyal sous l'obéissance du roi son père. Puis il ajouta: « Quant à moi, je me
» conformerai aux articles que vous avez arrêtés et agréés. J'aimerai, honorerai et vénérerai le roi Charles à l'égal de mon propre
» père, ainsi que je l'ai promis par cette paix,
» qui, je m'assure, sera pour toujours; et

---

[1] Chronique d'Hollinshed.

» vous, si vous vous montrez loyaux et fidèles
» envers moi, l'Océan cessera plutôt de couler,
» le soleil perdra plutôt sa lumière que je ne
» manquerai à ce qu'un prince doit à ses sujets,
» à ce qu'un fils doit à son père. »

Le siége de Sens dura peu. La ville se rendit deux jours après que le roi d'Angleterre et le duc de Bourgogne se furent présentés. « Vous m'avez donné une femme; je vous la » rends vôtre, » dit le roi Henri, en lui remettant son église [1].

De là ils allèrent attaquer Montereau. Le sire de Guitry y commandait pour le Dauphin, et commença à se défendre vaillamment; mais le jour de la Saint-Jean, quelques Anglais et quelques Bourguignons, sans l'ordre de leurs chefs, ayant donné un assaut, surprirent la ville, et la garnison, non sans perte, fut contrainte de se retirer dans le château. Dès que le duc fut entré, les femmes de la ville le conduisirent aussitôt dans l'église où l'on avait enterré son père [1]. Il fit placer à l'heure même

---

[1] Juvénal.
[2] Monstrelet. — Lefebvre de Saint-Remy.

un drap mortuaire et deux cierges sur cette tombe. Le lendemain elle fut ouverte, et l'on trouva le cadavre demi-vêtu et défiguré par les grandes blessures qu'il avait reçues; sa tête était toute fendue du coup de hache que lui avait donné Tanneguy; il n'y avait personne qui ne fût attendri en voyant cette large plaie par où les Anglais étaient entrés en France, comme disait, cent ans après, un chartreux de Dijon, montrant au roi François Ier le tombeau de Jean de Bourgogne. Son fils donna de grandes récompenses aux ecclésiastiques de Montereau, qui avaient soustrait ce corps aux insultes des Armagnacs, et l'avaient enseveli en terre consacrée; ils lui remirent le bréviaire du Duc qui avait été trouvé sur lui; mais tous ses joyaux avaient été pris. Le corps fut embaumé, transporté en grande cérémonie à Dijon, et inhumé aux Chartreux, auprès de Philippe-le-Hardi. Le bâtard de Croy, qui avait été tué à l'attaque de la ville, fut enterré à Montereau, dans la fosse que le duc Jean laissait vide.

Le château tenait encore. Le roi d'Angleterre fit sommer le sire de Guitry de se rendre; le héraut fut reçu injurieusement, et l'on ne tint compte de son message [1]. Le roi, irrité, fit amener les prisonniers qu'on avait faits en s'emparant de la ville, et leur signifia qu'ils seraient pendus s'ils ne persuadaient au gouverneur de céder. Le gibet fut sur-le-champ dressé. Ces malheureux se mirent à genoux sur le bord du fossé, et crièrent au sire de Guitry de leur sauver la vie, lui représentant qu'il ne serait point secouru, et qu'il aurait bientôt à se rendre. Il fut inflexible. Alors ces pauvres malheureux demandèrent à faire leurs adieux à leurs femmes, à leurs enfans, à ceux de leurs amis qui étaient restés dans la ville. Malgré tant de tristesse et de larmes, le roi d'Angleterre demeura ferme dans sa cruauté, et les fit périr. Huit jours après, le sire de Guitry se rendit, à condition qu'il aurait la vie sauve ainsi que sa garnison. Un gentilhomme du duc de Bourgogne, nommé Guillaume de Bierre, l'accusa d'être un des meurtriers du duc Jean. Guitry offrit de se justifier par le combat; le roi d'Angleterre lui accorda

---

[1] Chronique d'Hollinshed. — Fenin.

un sauf-conduit pour venir combattre; cependant la chose en demeura là.

Villeneuve-le-Roi fut prise aussi. Les Bourguignons et les Anglais allèrent ensuite mettre le siége devant Melun, tandis que le Dauphin était allé faire reconnaître son autorité dans le pays de Languedoc. Il avait laissé Barbazan, le sire de Bourbon et ses plus braves chevaliers pour défendre la Brie, et ils s'y étaient rendus redoutables. La ville fut entourée d'une nombreuse armée. Le roi d'Angleterre était logé sur la rive gauche de la Seine, le duc de Bourgogne occupait la rive droite et le côté de la Brie; le roi de France et les deux reines se tenaient pendant ce temps-là à Corbeil.

Les chevaliers du Dauphin commencèrent bientôt à montrer qu'ils feraient une rude et longue défense [1]. Dès les premiers jours ils firent des sorties où les Bourguignons souffrirent beaucoup; les assiégeans comprirent alors qu'il était nécessaire de se fortifier eux-mêmes, et environnèrent leur camp de fossés

---

[1] Juvénal. — Monstrelet.

et de palissades. Ils établirent leurs machines de guerre, et firent tirer contre la ville leurs bombardes et canons. Les assiégés n'étaient pas moins habiles ni moins actifs à se servir de leur artillerie ; ils avaient des arbalétriers qui tuaient tous ceux qui approchaient de la muraille. Aucun n'était plus diligent ni plus adroit qu'un moine augustin qui tua au moins soixante hommes d'armes. Lorsque quelque portion du mur venait à être renversée, elle était aussitôt réparée en terre ou en charpente.

Il n'y avait nul moyen de tenter l'assaut contre une ville si bien défendue : c'eût été une entreprise imprudente et inutile ; le roi d'Angleterre s'y opposait toujours. Le siége durait déjà depuis quelque temps, lorsque le duc Roger de Bavière arriva, amenant avec lui un nombreux renfort à l'armée de Bourgogne. Il commença à s'étonner de ce qu'on ne donnait pas un assaut ; le roi Henri lui représenta avec patience et douceur que ce n'était pas une chose à faire, mais il ne put vaincre sa présomption. Le duc de Bourgogne, qui se lassait aussi de la prudence des Anglais, ne demandait pas mieux que d'essayer cette attaque ; le roi les laissa faire, disant seulement que lorsqu'on donnerait un assaut du côté où il était, lui et ses Anglais feraient leur devoir. Les deux ducs firent préparer leurs échelles et tout ce qui était nécessaire ; ce ne fut pas si secrètement que Barbazan ne s'en aperçût. Il laissa arriver les Bourguignons jusqu'au bord du fossé ; déjà ils commençaient à y descendre et à dresser leurs échelles, en sonnant les trompettes et criant : « A l'assaut! » La muraille n'était défendue que par une cinquantaine d'archers et par des gens de la ville prêts à rouler de grosses pierres et à jeter sur les assaillans de l'eau ou de la graisse bouillantes. L'attaque commença, et plusieurs arrivaient vers le haut du mur, malgré les flèches et tout ce que les assiégés faisaient pleuvoir sur eux, quand soudainement les trompettes de la ville se firent entendre avec éclat, et la garnison, débouchant tout d'un coup par une poterne dans le fossé, tomba sur les Bourguignons et les Allemands. Il leur fallut, en grande hâte, gravir le fossé pour retourner à leur camp, au milieu des traits qui les atteignaient dans le dos ; beaucoup furent tués ou blessés, et l'entreprise tourna ainsi à leur confusion. Les Anglais ne furent pas fâchés de cette mésaventure, et de la leçon qu'avaient reçue leurs présomptueux alliés. Toutefois le roi Henri disait que, s'ils n'avaient pas réussi, ils s'étaient comportés vaillamment, et qu'à la guerre les fautes où l'on montre du courage valent des succès.

Voyant que les assiégés se défendaient si bien, et ne voulaient entendre à aucun traité, quoique les vivres fussent déjà rares dans la ville, les Anglais commencèrent à creuser des mines [1]. Ceux de la garnison s'en doutaient, et ils épiaient avec soin si l'on n'entendait pas dans les caves quelque bruit sourd et souterrain. Un jour Louis Juvénal des Ursins, vaillant écuyer, fils de l'avocat-général, crut démêler que la mine des ennemis approchait du poste qui lui était confié, il prit sa hache et courut au lieu où le bruit était entendu. Barbazan le rencontra comme il y courait : « Louis, où vas-tu? » lui dit-il. Et, quand il sut de quoi il s'agissait :

[1] Chronique d'Hollinshed. — Juvénal. — Monstrelet.

« Frère, tu ne sais pas bien encore ce que c'est
» que de combattre dans une mine; fais-moi
» couper le manche de ta hache; les mines sont
» souvent étroites et en zig-zag : il y faut des
» bâtons courts, pour combattre main à
» main. » Ils descendirent dans la cave, et
envoyèrent chercher des ouvriers pour contre-
miner. On poussa du côté où l'on entendait le
bruit, en ayant soin d'établir toujours une forte
barrière devant soi. Enfin les deux mines se
rencontrèrent, les manœuvres se retirèrent, et
les hommes d'armes des deux partis résolurent,
pour la curiosité de l'aventure, de faire quelques vaillantes joutes dans ce lieu souterrain
et obscur. Le premier qui y combattit du côté
des Français fut Louis Juvénal, que Barbazan
fit chevalier. On pouvait se blesser, mais non
se prendre, car il y avait entre les combattans
une barrière à hauteur d'appui. C'était aux
torches et aux flambeaux que se passait cette
joute. Les uns et les autres y prirent grand
plaisir; pendant plusieurs jours il s'y fit de
beaux faits d'armes. Plusieurs chevaliers furent
créés à cette occasion. Le roi d'Angleterre et
le duc de Bourgogne voulurent eux-mêmes y

rompre des lances. Ce fut avec le sire de Barbazan que jouta le roi sans d'abord se faire connaître; mais, dès que le chevalier sut quel était son adversaire, il se retira respectueusement. Ces combats étaient une sorte de tournoi et de fête; si bien qu'au commencement, lorsque les assiégeans entendirent sonner les cloches de la ville, ils crurent qu'on s'y réjouissait de quelque secours qui arrivait; mais ils surent que c'était pour célébrer ces joutes. Tout se passa avec une grande courtoisie, et le roi d'Angleterre se plaisait à donner des louanges à la vaillance des chevaliers du Dauphin.

Ce prince ne désirait rien tant que de les secourir; il envoya des commissaires dans tous les pays de son obéissance pour assembler des gens d'armes. On réunit environ quinze mille hommes, et ils se mirent en marche. Mais, lorsqu'ils furent arrivés dans le Blaisois, on sut que les Anglais et les Bourguignons étaient si nombreux et leurs camps si bien fortifiés, qu'il n'y avait rien à essayer contre eux.

Barbazan et les siens ne perdirent pas courage. Ils vivaient de chair de cheval; le pain manquait, les maladies ravageaient la garnison ; cependant elle ne voulait entendre à aucune proposition. Le roi Henri fit venir au camp le roi de France, pour que sa présence imposât davantage aux assiégés; ils répondirent qu'ils lui ouvriraient volontiers, mais non point aux mortels ennemis du royaume. Ce qui soutenait leur constance, c'est que les assiégeans souffraient cruellement aussi. L'épidémie leur emportait beaucoup de monde; les hommes d'armes n'étaient point payés ; la disette régnait chez eux, comme à Paris et dans tout ce pays dévasté depuis si long-temps. Tous les chevaux mouraient.

D'ailleurs les Anglais et les Bourguignons s'accordaient chaque jour moins bien entre eux : ils avaient sans cesse des querelles. A Sens, après la prise de la ville, un grand débat s'était ému pour les logemens, et l'on en était presque venu aux mains. Ce qui offensait le plus les Français, c'était le peu d'égards qu'on témoignait à leur roi, et le petit état où on le tenait, entouré d'un petit nombre de serviteurs et médiocrement vêtu, tandis que le roi d'Angleterre avait un train plus fastueux que jamais. Ses façons étaient aussi plus hautaines qu'il ne convenait à la France, où les nobles et les autres n'avaient pas l'habitude d'être traités par leurs maîtres avec tant de rudesse [1].

Un jour, le maréchal de l'Isle-Adam, qui commandait à Joigny, vint au camp pour quelques affaires de la guerre ; il alla trouver le roi Henri, lui fit un respectueux salut, et commença à expliquer le sujet de son voyage. Le roi, qui sans doute trouvait que le maréchal ne se présentait pas devant lui avec assez de cérémonie, lui dit d'un ton railleur : « L'Isle-» Adam, est-ce là une robe de maréchal de » France? » Celui-ci, sans se troubler et regardant le roi, repartit : « Sire, j'ai fait faire » cette robe gris-blanc pour venir ici par eau, » sur les bateaux de la rivière de Seine. — » Comment! dit vivement le roi, vous regar- » dez un prince au visage en lui parlant! — » Sire, répliqua l'Isle-Adam, c'est la coutume » en France que, quand un homme parle à » un autre, de quelque rang et quelque puis- » sance qu'il soit, il passe pour mauvais homme

[1] Monstrelet. — Fenin.

» et peu honorable, s'il n'ose pas le regarder
» en face. — Ce n'est pas notre guise, » interrompit le roi. Et l'on vit bien qu'il en voulait beaucoup au sire de l'Isle-Adam; la suite le montra encore mieux.

Ce qui se passa avec le prince d'Orange fut plus grave encore; il amenait des renforts à l'armée. Le roi d'Angleterre voulut exiger de lui le serment réglé par la paix de Troyes : « Je viens ici, dit-il, servir monseigneur de » Bourgogne; mais, quant à prêter serment » à l'ancien et mortel ennemi du royaume de » France, c'est ce que je ne ferai jamais. » Il serait retourné chez lui sans les instances du duc de Bourgogne.

Le sire de Luxembourg amena aussi de nouveaux renforts au roi d'Angleterre et au Duc qui en avaient grand besoin, tant leur armée était diminuée. Les malheureux assiégés, voyant de loin les bannières s'avancer vers la ville, s'imaginèrent que le Dauphin envoyait enfin à leur secours[1]. Du haut de leurs murailles ils poussèrent des cris de joie, disant aux

[1] Monstrelet.

Anglais de seller leurs chevaux pour partir ; mais quand ils s'aperçurent de leur erreur, ils redescendirent tristement dans la ville, la tête basse et le courage abattu. Peu après arriva aussi la milice de Paris, sous les ordres de Legoix et de Saint-Yon [1]. La garnison, épuisée par un siége de cinq mois, ne tarda pas à se rendre. On accorda la vie sauve aux hommes d'armes, hormis ceux qui, étant soupçonnés d'être complices de la mort du duc de Bourgogne, devaient être mis en justice ; on imposa aux autres la condition de fournir caution qu'ils ne s'armeraient point contre le roi d'Angleterre ; les bourgeois ou autres restèrent à la disposition du vainqueur, ainsi que les Écossais ou Anglais qui se trouvaient parmi la garnison ; enfin douze otages furent pris parmi les capitaines, et six parmi les bourgeois : le sire de Bourbon, le sire de Barbazan, le sire Juvénal, furent exigés dans les otages.

Ce traité reçut une interprétation déloyale et indigne d'un prince aussi vaillant que le roi d'Angleterre. Outre les otages, cinq ou six cents hommes de la garnison furent rete-

[1] Mémoires de France et de Bourgogne.

nus et envoyés dans les prisons de Paris, et l'on répondit à leurs plaintes qu'ils avaient la vie sauve, comme on la leur avait promise. Les Écossais furent pendus; diverses personnes de la ville, et deux moines de l'abbaye de Jouarre, furent décapités [1].

Le duc de Bourgogne s'étant plaint qu'un gentilhomme gascon, sujet et serviteur du roi d'Angleterre, venait de laisser échapper, pour de l'argent, Raimond de Loire, accusé d'avoir été complice de la mort du duc Jean, le roi Henri ordonna qu'on coupât la tête à ce gentilhomme. Le Duc ne demandait pas une si grande rigueur, et implora sa grâce; le duc de Clarence intercéda aussi son frère; tout fut inutile; il n'écouta ni la pitié, ni l'affection qu'il avait toujours montrée à son serviteur, tant était grande sa dureté.

Ce fut le 18 novembre que Melun se rendit. Après quelque séjour à Corbeil, les rois firent leur entrée à Paris. Déjà le duc de Bourgogne avait livré aux Anglais la Bastille, le Louvre, l'hôtel de Nesle, Vincennes; le premier usage

[1] Juvénal. — Journal de Paris.

que le roi d'Angleterre avait fait de son pouvoir, c'était d'ôter au comte de Saint-Pol la charge de premier capitaine de Paris, pour la donner à son frère le duc de Clarence. La ville continuait à souffrir une horrible misère; le pain devenait chaque jour plus rare et plus cher; il fallait se lever la nuit pour aller faire foule à la porte des boulangers, et encore il n'y en avait pas pour tout le monde [1]. Les riches, qui pouvaient, outre le prix du pain, payer pinte ou chopine de vin aux garçons boulangers, étaient les seuls servis. On voyait de pauvres petits enfans se traîner dans les rues en pleurant et criant : « Je meurs de faim. » Ils tombaient sur les fumiers, où on les trouvait morts d'inanition et de froid; car le bois était devenu aussi d'une rareté extrême, et ce n'était pas une des moindres souffrances.

Ce fut surtout ce malheureux état de la ville qui donna au pauvre peuple un grand empressement à célébrer l'entrée du roi d'Angleterre; on souffrait tant, qu'on espérait que toute mutation produirait quelque soulagement; rien

[1] Journal de Paris.

ne coûtait pour complaire à des maîtres dont on voulait toucher le cœur, afin qu'ils prissent en pitié une si grande détresse. Les deux rois entrèrent par la porte Saint-Denis, au milieu des acclamations du peuple qui criait Noël. Les riches avaient pris la robe rouge en l'honneur des Anglais; les prêtres faisaient des processions, venaient devant leurs églises porter les reliques à baiser aux deux rois, en chantant : *Te Deum laudamus*, ou *Benedictus qui venit*. On avait dressé, tout le long de la rue de la Calandre, un grand échafaud où l'on représentait le mystère de la Passion tel qu'il était figuré en relief autour du chœur de Notre-Dame. Ce fut en cette église que se rendirent d'abord les deux rois et les princes, après avoir traversé Paris. Ils étaient à cheval l'un près de l'autre, le roi de France à droite. Derrière eux marchaient, d'un côté, les ducs de Clarence et de Bedford; de l'autre, le duc de Bourgogne et ses serviteurs vêtus de noir. Après avoir remercié Dieu et fait leurs prières, le roi de France rentra dans son hôtel Saint-Paul, le roi d'Angleterre au Louvre, le duc de Bourgogne à l'hôtel d'Artois. Le lendemain, les deux reines firent aussi leur entrée solennelle. Ce retour du roi, ce concours des seigneurs de France et d'Angleterre, n'eurent d'autre effet que d'augmenter encore le prix des vivres et la famine de Paris; chaque jour la ville se dépeuplait. Les bons habitans fondèrent des hôpitaux en divers quartiers, pour recueillir les malheureux orphelins qui mouraient de faim. L'hiver était très-froid; les loups venaient dans les cimetières et même dans les rues, pour dévorer les corps morts dont ils trouvaient abondance.

Le roi d'Angleterre fit tout aussitôt assembler des députés des trois États du royaume; ils jurèrent le traité de Troyes sur les saints Évangiles, et les grands seigneurs remirent au roi Henri leur soumission et leur serment scellés de leur sceau[1]. Les malheurs et les embarras du royaume furent aussi exposés aux États; on leur demanda des ressources pour la guerre, on leur dit à quoi il fallait pourvoir, en les invitant à y aviser[2].

[1] Hollinshed.
[2] Juvénal.

Parmi tous les dommages qu'avait soufferts la chose publique, un des plus grands c'était l'affaiblissement des monnaies[1]. Le marc d'or, qui, sous le règne de Charles V, valait 63 liv. 17 s. 6. d., était maintenant de 171 liv. 13 s. Le marc d'argent, avait été porté de 5 liv. 16 s. à 28 liv. Aussi toutes les denrées étaient devenues fort chères. Le commerce avait été troublé. Les débiteurs et les fermiers s'étaient acquittés au grand détriment de leurs créanciers et de leurs possesseurs. Il n'y avait qu'un cri contre ce désordre.

Les États répondirent qu'ils étaient prêts à faire ce qui plairait au roi et ce que son conseil ordonnerait. Les aides et les gabelles furent rétablies, ainsi que le roi d'Angleterre avait déjà fait à Rouen. Quant aux monnaies, le roi déclara qu'il ferait fabriquer bonne et forte monnaie soit d'or, soit d'argent, et que, pour avoir de quoi la forger, il ordonnait, d'après l'octroi des gens des trois États, qu'il serait recueilli dans les bonnes villes du royaume, sur tous de quelque état qu'ils fus-

[1] Traité historique des monnaies de France.

sent, un impôt en marcs d'argent. Ces marcs devaient être mis à la monnaie, et chacun recevrait ensuite 7 liv. par marc d'argent qui qui lui aurait été emprunté. Or, au titre de cette nouvelle monnaie, le marc aurait dû valoir 8 liv. C'était donc un rude impôt. On en murmura beaucoup. L'Université vint faire ses remontrances au nom des gens d'église, et réclamer leurs exemptions. Le roi d'Angleterre leur répondit avec rudesse, et comme ils voulaient répliquer, il les fit taire. Il fallut bien se soumettre, car ce roi les eût envoyés en prison. Force était d'obéir avec docilité; autrement on eût été tenu pour Armagnac, et mis en grand danger.

Toutefois les ordres du roi sur la refonte de la monnaie ne purent recevoir d'exécution. Le Dauphin ayant conservé la monnaie faible et l'ayant même encore diminuée, toutes les espèces allaient dans son gouvernement; mais aussi l'on y payait les choses beaucoup plus cher.

Dès que le duc de Bourgogne fut entré à Paris il s'occupa enfin d'avoir justice de la mort de son père, ainsi que l'on pressait depuis long-temps la duchesse sa mère. Le 23 décembre, le roi siégeant en lit de justice à l'hôtel Saint-Paul, en sa cour du Parlement, présens les députés des États, le roi d'Angleterre à côté de lui comme régent, le duc de Bourgogne en habit de deuil, accompagné des ducs de Clarence et de Bedford, des prélats et seigneurs de son conseil, s'avança et alla s'asseoir sur un banc de l'autre côté de la salle. Messire Nicolas Raulin, son avocat, demanda aux deux rois la permission de parler; puis, au nom du duc et de la duchesse sa mère, il exposa l'homicide commis en la personne de Jean, duc de Bourgogne, par Charles, soi-disant dauphin de Viennois, le vicomte de Narbonne, le sire de Barbazan, Tanneguy Duchâtel, Guillaume le Bouteiller, Jean Louvet, Robert de Loire, Olivier Layet et autres complices, et conclut à ce qu'ils fussent promenés par trois jours de fête, dans les carrefours de Paris, sur un tombereau, tête nue, portant un cierge à la main, et disant à haute voix qu'ils avaient méchamment, traîtreusement, damnablement, par envie, et sans cause raisonnable, occis le duc de Bourgogne : qu'ils répétassent les mêmes paroles à Montereau, sur le lieu du crime: qu'ils y bâtissent une église, et y fissent une fondation de douze chanoines, six chapelains et six clercs, de même qu'à Paris, à Rome, à Gand, à Dijon, à Saint-Jacques de Compostelle et à Jérusalem, en faisant graver en grosses lettres, sur une pierre du portail, le motif de la fondation [1].

Maître Pierre de Marigny, avocat du roi, prit aussi des conclusions au criminel contre les accusés. En outre, maître Jean Larcher, docteur en théologie et délégué de l'Université de Paris, parla avec plus de force encore, exhorta les deux rois à écouter les demandes du duc de Bourgogne, et à lui faire justice; puis, comme ecclésiastique, il ne prit de conclusions qu'au civil.

Enfin le chancelier, au nom du roi, déclara que les coupables de ce damnable crime avaient commis crime de lèse-majesté, forfait corps et biens, qu'ils étaient inhabiles et indi-

---

[1] Monstrelet. — Pièces justificatives des Mémoires de France et de Bourgogne.

gnes de toutes successions, dignités, honneurs et prérogatives quelconques, outre les peines que les lois ordonnaient contre les commetteurs de crimes de lèse-majesté et leur descendance : de plus, que lesdits criminels avaient encouru les peines portées dans le traité de paix et d'alliance signé au Ponceau : que tous leurs gens, vassaux, sujets et serviteurs présens et à venir, étaient absous et quittes de tout serment de féauté, de toute promesse ou obligation de service envers eux et leurs successeurs.

Cette déclaration du roi n'était pas un jugement; c'était ce qu'on nommait des lettres de justice : elles se terminaient par l'ordre donné aux justiciers et officiers royaux de procéder, chacun dans sa juridiction, contre lesdits coupables, par voie extraordinaire, si besoin était, et d'administrer justice aux parties.

Ce fut en vertu de ces lettres que le Parlement commença à instruire la procédure. Le 3 janvier 1421, à la requête du procureur-général, fut ajourné à trois jours, sous peine de bannissement, à son de trompe, sur la table de marbre, messire Charles de Valois, dauphin de Viennois, pour raison de l'homicide fait en la personne de Jean, duc de Bourgogne. Après toutes les formalités usitées en justice, il fut par arrêt, convaincu des faits à lui imputés, comme tel, banni et exilé à jamais du royaume, et déclaré indigne de succéder à toutes seigneuries venues et à venir. Cette sentence, que tous les bons et loyaux Français trouvèrent inique, nulle et déraisonnable, toucha peu le Dauphin; il en appela à la pointe de son épée, et fit vœu de porter son appel tant en France qu'en Angleterre ou dans les domaines du duc de Bourgogne [2].

En même temps la domination des Anglais devenait rude et pesante; le roi Henri commençait à tout gouverner selon sa seule volonté; il mettait ses propres serviteurs dans tous les offices, sans égard pour ceux que le roi, le duc Jean ou le duc Philippe y avaient placés. Le duc d'Exeter, son oncle, fut capitaine de Paris; le comte d'Huntington commanda Vincennes, le sire d'Amfreville, Melun. Il menait

---

[1] 1421-1420. (v. s.). L'année commença le 22 mars.
[2] Pièce jointe aux notes sur Juvénal. — Hollinshed. — Monstrelet. — Fenin.

au Louvre joyeuse vie et grande dépense, tandis que le pauvre vieux roi de France restait solitaire en son hôtel Saint-Paul, délaissé de tous; tellement que le jour de Noël, où auparavant il était si solennellement entouré, il ne fut visité que par de vieux serviteurs et quelques bourgeois qui lui gardaient fidèle affection [1].

Le duc de Bourgogne avait aussi à se plaindre du roi d'Angleterre d'une façon qui lui tenait fort au cœur. Parmi les prisonniers de la garnison de Melun, qu'on accusait d'avoir pris part au meurtre du duc Jean, le plus considérable était le sire de Barbazan. La duchesse Marguerite avait fait dresser par son conseil à Dijon, d'après tous les témoignages qui avaient été recueillis, des articles sur lesquels ce chevalier devait être interrogé [2]. Le roi d'Angleterre ne le laissa point mettre en justice. On assura que le sire de Barbazan, ayant réclamé les droits d'un frère d'armes,

---

[1] Chronique d'Hollinshed. — Monstrelet. — Feuin.
[2] Pièces justificatives des Mémoires de France et de Bourgogne.

que, selon les règles de la chevalerie, il avait acquis en combattant corps à corps avec le roi dans les mines de Melun, ce prince avait accepté cette loyale obligation, et s'était résolu de sauver le brave Barbazan [1]. Il l'envoya en prison à Château-Gaillard, mais livra à la justice le bâtard Tanneguy de Coesmerel, et Jean Gault, qui furent écartelés par arrêt du Parlement [2].

Dès le mois de janvier, le roi Henri avait quitté Paris pour retourner en Angleterre avec madame Catherine, et le Duc avait repris le chemin de la Flandre, après avoir donné de belles fêtes et des joutes à la ville de Paris, pour lui montrer toute son affection.

Pendant le voyage qu'il fit dans ses bonnes villes, il manifesta le goût héréditaire de la maison de Bourgogne pour la magnificence et le grand appareil. Il étalait plus de faste encore que son père ou son aïeul. Lorsqu'il faisait son entrée dans les villes, il faisait porter

---

[1] Chronique d'Hollinshed.
[2] Rég. du Parlement.

devant lui une épée nue, et se montrait entouré de tous les officiers de sa maison. Les seigneurs ne manquaient pas à venir lui former un noble et brillant cortége. Les riches bourgeoisies de Flandre, qui vivaient paisibles et libres, tandis que la France et l'Angleterre étaient misérables et ravagées par la guerre, les marchands qui s'étaient enrichis dans un commerce toujours plus grand, marquaient leur reconnaissance à leur seigneur, en lui offrant les plus belles fêtes. Le duc Philippe, quelque fût son goût pour la pompe souveraine, était doux et affable envers tous, et se retrouvait toujours avec plaisir parmi ces Flamands, chez qui il avait passé une heureuse jeunesse. Ce n'était partout que joutes et tournois; il y en eut surtout de superbes à Bruxelles, chez son neveu le duc de Brabant. Le Duc fit faire vingt-quatre habillemens de couleur vermeille, chargés d'orfévrerie, pour les chevaliers qui devaient jouter avec lui. Ses serviteurs et ses pages étaient aussi chamarrés des plus brillantes broderies, qui représentaient un briquet à allumer le feu, qu'on nommait alors un fusil, avec sa devise.

Pour lui, il était vêtu de la façon la plus galante ; sa cotte d'armes et son manteau étaient ornés de quarante aunes de ruban d'argent, en nœuds et en rosettes ; mais rien n'était si beau que le panache de son casque ; l'aigrette était de vingt et une plumes de héron ; le cimier de vingt-quatre plumes d'autruche ; par derrière flottaient dix-sept plumes de paon.

Tandis que le duc de Bourgogne se livrait ainsi à de nobles divertissemens dans sa seigneurie de Flandre, et que le roi d'Angleterre déployait aussi toute la magnificence de son royaume au couronnement de madame Catherine, les partisans du Dauphin reprenaient pied chaque jour en France. Ils surprirent Villeneuve-le-Roi ; les garnisons de Compiègne, de Pierrefonds, de Château-Thierri, tenaient la campagne et ravageaient le Valois, le Beauvoisis, le Vermandois, et jusqu'au Cambrésis. Le bâtard de Vaurus, un des chefs qui commandaient à Meaux, venait jusqu'aux portes de Paris, et répandait, par sa cruauté, la terreur dans tout le pays [1].

[1] Juvénal. — Saint-Remy. — Monstrelet. — Hollinshed.

Mais les plus grandes forces du Dauphin étaient dans le Perche et dans l'Anjou, sous les ordres du maréchal de La Fayette et du comte de Buchan, qui lui avait amené des Écossais. La veille de Pâques, le duc de Clarence vint les attaquer près de Baugé. Tant de victoires avaient donné confiance aux Anglais. Le duc de Clarence, qui était depuis longtemps ému du regret de ne s'être point trouvé à Azincourt, croyait ne pouvoir assez tôt attaquer. Sans attendre les archers, il passa, à la tête des hommes d'armes, la rivière qui le séparait des Français; ceux-ci tombèrent sur lui avant que le comte de Salisbury eût amené le corps de bataille. Le combat fut vif. Dès le commencement de l'action, la mêlée devint sanglante. Le sire Charles le Bouteiller s'empara bientôt du duc de Clarence et le fit son prisonnier, espérant l'échanger contre le duc d'Orléans; les Anglais s'efforcèrent de le délivrer; dans ce conflit, le comte de Buchan arriva jusqu'au prince et le tua de sa main, tandis que le sire le Bouteiller tombait percé de coups sur le corps de son prisonnier; lord Ros, Gilbert d'Amfreville, périrent aussi; le comte de Sommerset, le comte de Suffolk, furent pris. Lorsqu'enfin le comte de Salisbury et le bâtard de Clarence arrivèrent au secours, la fleur de la chevalerie anglaise était déjà tombée sur le champ de bataille ou emmenée captive.

Cette belle victoire remonta le courage des Français. D'ailleurs le royaume ne pouvait se faire au gouvernement rude et tyrannique de ses anciens ennemis [1]. Plusieurs des seigneurs de France, qui avaient long-temps tenu le parti de Bourgogne, se tournèrent contre lui. Depuis plusieurs années, messire Jacques de Harcourt, tout en se disant l'allié et l'ami du Duc, faisait aux Anglais une forte guerre; il avait même mis en prison le comte de Harcourt son parent, pour leur avoir été favorable; il se déclara enfin complètement pour le Dauphin. Il tenait le fort château de Crotoy en Picardie, sur le bord de la mer, et de là faisait des courses par terre ou par mer. Sur les marches de la Picardie étaient encore les deux plus vaillans et habiles chevaliers du Dauphin, Poton de Saintrailles, et Vignolles

[1] Fenin. — Monstrelet.

dit la Hire. Avec eux, le seigneur de Ramburcs, Louis de Gaucourt, et quantité d'autres vaillans gentilshommes du Vimeu et du Ponthieu, se mirent à combattre les Anglais.

A Paris, le peuple n'était pas content; la famine et les maladies continuaient à faire mourir un nombre infini de personnes; on changeait sans cesse les ordonnances sur les monnaies, et nul ne savait ce qui lui était dû ni ce qu'il devait; l'impôt sur les marcs d'argent se percevait, et pourtant la forte monnaie qu'on avait promise n'était point frappée[1].

Les Anglais avaient trouvé un zélé et empressé serviteur dans Philippe de Morvilliers, premier président du Parlement; pour le moindre murmure, il faisait percer la langue à ceux qu'on lui dénonçait. Afin d'obvier à la cherté des denrées, on avait fait une taxe qui avait augmenté la disette; car aucun marchand ne voulait plus rien amener. Le premier président faisait mettre au pilori, promener dans des tombereaux ou punir corporellement ceux qui contrevenaient à cette taxe. Il était

[1] Journal de Paris.

défendu aussi aux orfévres de faire le commerce d'or et d'argent; les changeurs étaient tenus de se conformer aux règlemens sur la monnaie; on n'avait jamais vu une si cruelle tyrannie dans Paris.

Le nouveau gouverneur anglais, le duc d'Exeter, faisait regretter le duc de Clarence qu'on avait eu d'abord, et qui avait su gagner l'affection des Français, parce qu'il était doux et affable; au contraire le duc d'Exeter était sévère. Il fit prendre le maréchal de l'Isle-Adam, à qui le roi Henri ne pardonnait pas sa fierté; le peuple de Paris se révolta pour le défendre; mille ou douze cents hommes prirent les armes pour l'arracher aux Anglais. Le duc d'Exeter fit avancer ses archers et tirer sur le peuple, en promettant toutefois que bonne justice serait faite au seigneur de l'Isle-Adam. Il le fit conduire à la Bastille, où ce seigneur resta long-temps, nonobstant les instances que fit souvent le duc de Bourgogne en sa faveur [1].

Le roi d'Angleterre, apprenant la défaite et

[1] Saint-Remy. — Monstrelet. — Fenin.

la mort de son frère, et l'état de ses affaires en France, se hâta d'y revenir. Il débarqua à Calais dans les premiers jours de juin, et envoya aussitôt le comte de Clifford avec douze cents hommes d'armes à Paris, où le duc d'Exeter était déjà serré d'assez près par les gens du Dauphin. L'armée française assiégeait Chartres, et les garnisons menaçaient Paris. La duchesse de Bourgogne avait, de Dijon, écrit à son fils de penser à la sûreté du roi, et il s'était empressé de mander ses hommes d'armes à Arras; mais, comme le roi d'Angleterre arrivait pour y pourvoir, il vint au-devant de lui à Montreuil. En ce moment il était malade de la fièvre; ne pouvant monter à cheval pour aller à sa rencontre, il envoya le sire de Luxembourg afin de l'excuser. Le roi et lui demeurèrent trois jours ensemble à conférer de leurs affaires, puis prirent leur route vers Abbeville. Les gens de la ville, qui étaient tous bons Français, se souciaient peu de livrer le passage de la Somme au roi d'Angleterre; cependant, sur les instances du Duc et sur la promesse que tout ce qu'on prendrait serait payé, ils consentirent à ouvrir leurs portes. Pendant ce pourparler, l'on s'empara du château de La Ferté près de Saint-Riquier, où se tenait une garnison du sire de Harcourt, et la garde en fut confiée à Nicaise de Boufflers, gentilhomme du pays [1].

Le roi d'Angleterre continua sa route vers Paris, où il entra le dernier de juin. Bientôt après, il assembla son armée à Mantes, pour marcher vers Chartres contre l'armée du Dauphin; le duc de Bourgogne s'y rendit aussi avec ses gens d'armes. Mais les Dauphinois s'étant retirés du côté de Tours, il revint en Picardie, où le sire de Harcourt et les garnisons ennemies prenaient chaque jour plus de force. Le sire de Boufflers avait livré le château de La Ferté; Saintrailles et le seigneur d'Offemont avaient surpris Saint-Riquier; plusieurs autres châteaux et forteresses étaient tombés aux mains des Dauphinois. Le roi d'Angleterre fit donner au Duc de fortes sommes pour payer ses hommes d'armes, et lui promit des renforts. Il en avait grand besoin, car les ennemis

---

[1] Monstrelet. — Saint-Remy. — Fenin. — Hollinshed. — Histoire de Bourgogne.

étaient en plus grande puissance que lui. Il demanda aux gens d'Amiens et des autres bonnes villes de lui fournir des arbalétriers; ils promirent de l'assister [1]. Mais Abbeville n'était pas si bien disposé : le sire de Harcourt y avait des intelligences; le seigneur de Cohen, qui y était capitaine, fut, un soir qu'il faisait sa ronde, assailli et rudement blessé par des gens de la ville, qui se sauvèrent ensuite vers les Dauphinois.

Le Duc commença par attaquer le pont de Remy sur la Somme. Les ennemis avaient mis garnison au château situé dans l'île qui sépare le pont en deux parties. Les arbalétriers s'embarquèrent pour l'assaillir, et forcèrent les Français à se retirer. Le château et tout ce qui était dans l'île furent brûlés. Le Duc alla ensuite poser son camp devant Saint-Riquier; mais il n'était pas assez fort pour en faire le siége. La garnison faisait de vives sorties, et se saisit même de quelques prisonniers de marque. Un défi de six Dauphinois contre six Bourguignons eut lieu pendant ce siége. Il s'y fit de beaux

---

[1] Monstrelet. — Fenin. — Saint-Remy.

coups de lance; mais le sire d'Offemont, chef de la garnison, et Jean de Luxembourg, qui commandait l'armée du Duc, avaient pris de grandes précautions, tant l'on avait peu de confiance dans la foi les uns des autres.

Il y avait plus d'un mois que le siége durait sans faire nul progrès. Le Duc apprit tout à coup que le sire de Harcourt avait envoyé avertir les garnisons de Compiègne et des autres villes appartenant au Dauphin, de venir se réunir à lui pour marcher contre les Bourguignons. Le Duc vit qu'il allait se trouver en grand danger, et résolut de prévenir l'ennemi [1]. Il ordonna à Philippe de Saveuse de passer de l'autre côté de la Somme pour avoir nouvelles précises de la marche des Dauphinois. Lui-même, en toute hâte et secrètement pendant la nuit, quitta le camp avec tout son monde, et cheminant toute la matinée, il arriva à Abbeville. Là, il ordonna à ses gens de boire et manger, et de faire rafraîchir leurs chevaux, sans se loger, car il attendait de moment en moment l'avis de continuer sa route. Bientôt

---

[1] Monstrelet. — Fenin. — Lefebvre de Saint-Remy.

en effet le sire de Saveuse lui fit dire que les Dauphinois s'avançaient vers le passage de la Blanche-Taque, pour aller se réunir au sire de Harcourt, qui les attendait de l'autre côté de la rivière. Il n'y avait pas un instant à perdre. Le Duc fit remonter à cheval ses gens d'armes, laissa les arbalétriers qui ne pouvaient suivre, et continua sa marche par la rive gauche de la Somme. Il recevait de moment en moment message sur message, pour lui dire de se hâter, et que les ennemis commençaient à passer la rivière; enfin il arriva. Les Dauphinois s'arrêtèrent et se disposèrent à recevoir le combat; les deux armées étaient à trois traits d'arc l'une de l'autre. C'était la première fois que le Duc se trouvait à une bataille rangée. Tout pressé qu'il était, il voulut se faire armer chevalier de la main de messire de Luxembourg; puis lui-même conféra la chevalerie à Philippe de Saveuse, Collart de Comines, Jean de Roubais, Guillaume de Halewin, André et Jean Vilain, et à plusieurs autres. Au même moment on fit aussi plusieurs chevaliers dans l'autre armée.

Le Duc envoya tout aussitôt Philippe de Saveuse avec cent vingt lances pour tourner les Dauphinois et les attaquer en flanc. Alors le choc commença; il fut rude. Les hommes d'armes des deux partis s'élancèrent les uns sur les autres. Les Dauphinois, dont les chevaux n'étaient point fatigués, arrivèrent à pleine course sur les Bourguignons, qui soutinrent d'abord assez bien le choc. Les lances se brisaient; les gens d'armes étaient jetés à terre; on s'approchait de plus près, on en venait aux mains. La mêlée commençait à devenir sanglante, lorsque soudainement une partie des gens du Duc prit la fuite. Tout s'était fait en si grande hâte, que sa bannière était demeurée aux mains du valet qui la portait. Cet homme eut peur, tourna bride, s'en alla et laissa même tomber la bannière. Ce fut là ce qui commença à mettre l'épouvante parmi les Bourguignons. Le roi-d'armes de Flandre répandit parmi les rangs que son maître venait d'être abattu. L'alarme redoubla; de braves chevaliers d'Artois, de Picardie, de Flandre, qu'on avait toujours vus à l'épreuve du péril, se troublèrent et se mirent à la déroute. Ils coururent vers la rivière pour la repasser au pont d'Abbeville; mais la ville, toute favorable au Dauphin, leur ferma ses portes; ils poursuivirent jusqu'à Pecquigny.

Cependant le Duc, resté avec le tiers de son monde, faisait des prodiges de valeur. Jean de Luxembourg reçut une forte blessure au visage, fut jeté en bas de son cheval, et fait prisonnier. Le seigneur d'Himbercourt fut aussi blessé et pris. Rien n'ébranla le courage du Duc. Un coup de lance traversa l'arçon de sa selle; un autre dérangea son armure. Un homme d'armes dauphinois le saisit vigoureusement pour l'entraîner à terre; il piqua son cheval, et s'arracha de cette étreinte. Près de lui un bon nombre de braves chevaliers combattaient aussi en désespérés. Aucun ne se montrait si redoutable que le jeune sire de Vilain, que le Duc venait d'armer chevalier. Il était de haute stature et monté sur un fort cheval; laissant la bride, il avait pris à deux mains sa hache d'armes, et frappait à grands coups parmi la mêlée. Tout ce qui tombait sous sa main était abattu. Il arriva ainsi jusqu'auprès de Saintrailles, qui était venu de Saint-Riquier prendre part à la bataille; il eut l'honneur de faire reculer ce vaillant cheva-

lier, qui confessa ensuite qu'il n'avait pas osé
braver la terrible hache du sire de Vilain.
Pendant long-temps on a montré dans la cathédrale de Lille la forte armure de ce gigantesque chevalier [1].

Cependant une partie des Dauphinois, ayant
vu la déroute des gens du Duc, s'était lancée
à leur poursuite. Cette division fut secourable
aux Bourguignons. La victoire leur demeura;
ils rompirent et mirent en fuite ce qui leur
était resté opposé. Le Duc lui-même fut si
âpre et si animé au combat, qu'il suivit long-
temps la rive de la Somme, poursuivant les
Dauphinois. Il en prit même deux de sa
main. En même temps le sire de Rosimbos
avait relevé la bannière de Bourgogne, et rallié
une partie des fuyards. La journée se déclara
ainsi pour le Duc, et il échappa miraculeusement à un si grand péril par la victoire [2]. Saintrailles et les principaux chevaliers du Dauphin
furent faits prisonniers et emmenés à Abbeville. Ceux des Bourguignons qui s'étaient en-

[1] Meyer.
[2] Journal de Paris.

fuis en abandonnant leur seigneur reçurent de lui un accueil sévère. Quelques-uns étaient de sa maison; il les en chassa; on les surnomma les chevaliers de Pecquigny, et il leur fallut long-temps pour effacer par leur bravoure cette honteuse tache.

Ce succès délivra les marches de Picardie des compagnies dauphinoises. Plusieurs forteresses, n'espérant plus de secours, se rendirent. Le sire d'Offemont traita pour Saint-Riquier, et le livra à condition que le Duc remettrait sans rançon Saintrailles, le sire de Conflans et le sire de Gamaches; ce fut même par leurs soins que fut conclu cet arrangement [1]. Le Duc leur avait fait un si honorable accueil, qu'il leur avait gagné le cœur, et ils s'en retournèrent répandant partout des louanges de sa courtoisie. Amis et ennemis parlaient de lui avec bienveillance, et comparaient ses bonnes façons à la rude fierté des Anglais.

Pendant qu'il remportait la glorieuse victoire de Mons en Vimeu, le roi Henri avait pris Dreux et Beaugency, avait forcé le Dau-

[1] Histoire de Bourgogne.

phin de se retirer derrière la Loire, puis il était venu mettre le siége devant Meaux [1]. Cette garnison, qui depuis long-temps troublait et ravageait tout le pays autour de Paris, était commandée par de vaillans hommes, les sires Guichard de Chizé capitaine, Louis Dugast, Perron de Luppe, Philippe de Gamaches, abbé de Saint-Pharon. Mais le plus terrible et le plus renommé de tous était le bâtard de Vaurus; il avait appartenu au comte d'Armagnac, et pour venger la mort de son maître, il n'y avait pas de cruautés auxquelles il ne se livrât. Il courait les campagnes, prenait les marchands et les pauvres laboureurs, les attachait à la queue de son cheval, et les ramenait à Meaux; là il les mettait à forte rançon. Quand il n'en pouvait rien tirer, il les faisait pendre par son bourreau ou les pendait lui-même à un grand arbre. Rien n'était plus fameux et plus redouté dans tout le pays et jusqu'à Paris, que l'orme de Vaurus, où il avait accroché tant de malheureux.

Il y avait surtout une aventure qui excitait la

---

[1] Journal de Paris. — Juvénal.

pitié et l'indignation de tous [1]. Ce bâtard avait traîné à Meaux un jeune homme qu'il avait enlevé de sa charrue. Il commença par le faire mettre à la torture, exigeant de lui une rançon exorbitante. Le jeune homme fit savoir à sa femme quels tourmens on lui faisait souffrir et quelle somme on lui demandait. Il n'y avait pas un an qu'ils étaient mariés ; elle était sur le point d'accoucher. Elle arriva à la ville pour essayer d'adoucir le cœur de ce cruel tyran ; ses larmes ne le touchèrent point ; il lui signifia que si, à jour donné, elle n'apportait pas la rançon, son mari serait accroché aux branches de l'orme. Le jeune laboureur s'attendrissait et pleurait, voyant la douleur de sa femme qui l'aimait tant, et elle le recommandait à Dieu en sanglotant. Quelque diligence qu'elle fit, elle ne put se procurer la somme que huit jours après le terme assigné, car l'argent était bien rare et tout le monde très-misérable. Elle accourut à la ville. La fatigue, les douleurs de l'enfantement qui commençaient à se faire sentir, l'accablaient de telle sorte, qu'elle s'é-

[1] Journal de Paris.

vanouit en arrivant. Sa première parole en reprenant ses sens fut pour demander son mari. « Payez, lui dit-on, puis vous le verrez. » Tandis qu'elle comptait cet argent, elle voyait d'autres laboureurs qui, n'ayant pas de quoi se racheter, étaient pendus ou jetés à la rivière. Son pauvre cœur se serrait, et un mauvais pressentiment l'avait saisie. En effet, quand la rançon fut livrée, ces cruels lui dirent que son mari avait été pendu au jour fixé. Pour lors, la malheureuse créature, forcenée de douleur et tout égarée par le désespoir, se mit à leur reprocher leur crime. Le bâtard, à qui ces clameurs déplaisaient, lui fit couper ses robes, et, demi-nue, elle fut, à grands coups de bâton, menée vers l'orme de Vaurus; elle y fut liée si serré, que les cordes entraient dans la chair. La nuit arriva, une nuit froide et pluvieuse; le vent agitait au-dessus de sa tête les cadavres des pendus accrochés aux branches de l'arbre, et parfois même leurs pieds venaient toucher jusqu'à sa tête. A tant de souffrances, à tant d'épouvante que lui donnait cet horrible lieu, s'ajoutèrent bientôt les douleurs de l'accouchement. Elle poussait des cris lamentables; on les entendait dans la ville, mais personne n'eût osé lui porter le moindre secours, tant on craignait le bâtard. Les loups seuls accoururent, avertis par sa voix gémissante. Le lendemain matin on trouva au pied de l'orme de Vaurus ses restes sanglans, et les lambeaux de son enfant que les loups avaient arraché de ses flancs.

La clameur générale qui s'élevait contre cette cruelle garnison, et l'inconvénient de laisser auprès de Paris un si grand parti de Dauphinois, fit résoudre au roi Henri de s'emparer de Meaux, quoi qu'il en pût coûter [1].

Il alla y mettre le siége vers le commencement de novembre. Ce fut en effet une entreprise difficile. La misère, la famine, les maladies régnaient sur un pays depuis si longtemps en proie aux gens de guerre, et se firent bientôt sentir aux Anglais. Ils manquaient de vivres; ils mouraient par milliers de l'épidémie qui durait toujours. Leurs souffrances les rendaient plus cruels; et le roi ainsi que ses capitaines étaient devenus plus impitoyables que jamais. Vainement on se plaignait à eux; ils

[1] Hollinshed.

ne faisaient que s'en moquer, et eux-mêmes encourageaient leurs hommes à se rendre plus exigeans². C'était, comme disait le pauvre peuple, un gouvernement de loups ravissans, qui emportaient la brebis avec la laine, qui dévoraient la chair avec le sang. Aussi les habitans qui avaient déjà tant souffert et depuis tant d'années, qui ne croyaient pas que leur malheur pût croître, devenaient tous comme insensés de désespoir; ils laissaient là femmes et enfans, et s'en allaient éperdus. « Que de-
» venir? disaient-ils; il vaut mieux nous met-
» tre en la main du diable, et faire partout
» du pis que nous pourrons. Nous allons tout
» quitter, et nous jeter dans les bois comme
» des bêtes féroces. Qu'importe ce que nous
» deviendrons? Aussi bien que peut-on nous
» faire que nous tuer? que peut-il nous adve-
» nir de pis que le gouvernement de tous ces
» traîtres, de tous ces seigneurs, plus barbares

---

¹ 1422-1421 (v. s.) L'année commença le 12 avril.

² Journal de Paris. — La complainte du pauvre commun et des pauvres laboureurs, pièce en vers rapportée dans Monstrelet.

» que les Sarrasins, qui, depuis quatorze ou
» quinze ans, ont commencé cette cruelle dan-
» se, qui se font périr les uns les autres par
» le glaive, le poison, la trahison, et que nous
» voyons mourir l'un après l'autre par mort
» violente, et sans confession? »

Ce n'était pas seulement les gens de la campagne qui se livraient à cette rage de la souffrance. Les Parisiens manquant de pain, dépouillés de leur dernier avoir par les taxes, voyant changer chaque semaine la valeur des monnaies, vendaient ou quittaient leurs maisons paternelles, mettaient leurs meubles à l'encan, et partaient de cette ville maudite. Les uns s'en allaient dans les pays du Dauphin, les autres à Rouen; il y en avait qui se faisaient aussi brigands dans les bois, comme les paysans.

Aussi lorsqu'au mois de janvier le duc de Bourgogne ariva à Paris, il fut reçu avec de grands transports de joie. Chacun espérait qu'il prendrait les intérêts de la France contre les anciens ennemis du royaume, devenus ses maîtres. On alla au-devant de lui en corps; le peuple se porta en foule sur son passage. Le

peu de conseillers qui étaient demeurés près
du roi et de la reine, lui exposèrent l'état
horrible de Paris et de la contrée. Il répondit
à tous avec affabilité, et s'efforça de relever le
courage et la confiance du peuple par de bonnes promesses. Bientôt après il se rendit au
camp du roi d'Angleterre devant Meaux; le
prince d'Orange et quelques autres seigneurs
bourguignons refusèrent de l'y suivre; il y
consentit volontiers; leur séjour avec les Anglais, leur fierté et l'insolence de ceux-ci, la
rigueur du roi Henri, auraient fait naître de
continuelles occasions de discorde [1]. La noblesse et les communes de la province de Bourgogne étaient françaises de cœur. Déjà, dans
les assemblées d'hommes d'armes que la Duchesse douairière avait convoquées, le sire de
Saint-Georges et d'autres, avaient, comme le
prince d'Orange, hautement parlé de refuser
tout serment au traité de Troyes. L'accueil
que le Duc reçut au camp des Anglais ne dut
pas disposer plus favorablement ses serviteurs;
il n'y obtint aucun soulagement pour les peu-

[1] Histoire de Bourgogne.

ples, aucune vengeance du sire de Barbazan ; tout au plus réussit-il à sauver de la mort le sire de l'Isle-Adam, que le roi Henri voulait faire périr; encore ne fut-il pas remis en liberté.

Après peu de jours, il revint donc à Paris [1]. Le peuple lui montra d'abord les mêmes transports, la même confiance; mais lorsqu'on vit qu'il ne pouvait faire aucun bien à cette ville, où il était tant aimé, où sa maison avait toujours eu un si grand parti, on commença à se dégoûter de lui. On le trouvait encore plus insouciant que son père pour les maux du peuple, et plus lent à y porter remède. Il lui fallait, disait-on, trois ans pour arriver à ce qui pouvait se faire en trois mois. On lui reprochait de n'être entouré que de jeunes chevaliers pleins de folie et de présomption, de n'écouter que leurs avis, et de mener une vie de dissipation, comme avaient fait le feu duc d'Orléans et tous ces princes qu'on avait vus finir honteusement; on s'indignait qu'il songeât si peu à la mémoire de son père, et ne se mît

[1] Journal de Paris.

pas plus en peine pour venger sa mort [1]. Ce qui n'ajoutait pas peu à ce blâme du commun peuple, c'étaient les ravages de l'armée bourguignonne dans les campagnes de la rive gauche [2] où elle était cantonnée. Enfin, il prit la route de son duché, et arriva à Dijon le 19 février 1422.

Pendant ce temps, le siége de Meaux continuait toujours ; il dura plus de sept mois. Jamais on n'avait vu tant de courage et de constance que n'en montra le bâtard de Vaurus et les autres chefs de la garnison ; ils bravaient les Anglais et leur criaient des injures de dessus les murailles ; l'artillerie repoussait toutes les attaques, et tuait l'élite de leurs hommes d'armes ; le comte de Worcester, lord Clifford y périrent [3]. Jean Cornwallis, un des plus braves capitaines de l'armée d'Angleterre, y fut blessé ; au même instant son fils unique, jeune écuyer de la plus noble espérance, fut atteint à ses côtés d'un boulet qui lui emporta

---

[1] Journal de Paris.

[2] Gollut.

[3] Hollinshed.

la tête. Ce malheur abattit tout le courage du père; il lui sembla que la guerre, qui lui coûtait son fils, était une entreprise damnable : qu'il était contraire à Dieu et à la raison de vouloir priver le Dauphin de son héritage : que c'était mettre son corps et son âme en péril, de persister en un tel dessein. Rien ne put le retenir; et il jura de ne plus désormais porter les armes contre les chrétiens [1].

Mais rien ne pouvait vaincre l'obstination du roi d'Angleterre; ses plus vaillans chefs tombaient dans les assauts; la famine et la maladie dépeuplaient son armée, sans qu'il songeât à quitter son camp. Cette valeureuse résistance d'une forteresse de France jeta pourtant en son âme un pressentiment funeste; on crut même qu'il avait connaissance de quelque prophétie sinistre pour l'Angleterre [2]. Toujours est-il que lorsqu'il apprit que madame Catherine sa femme avait mis au monde un fils au château de Windsor, au lieu de se féliciter, comparant son sort au sort à venir

---

[1] Fenin. — Juvénal des Ursins.
[2] Hollinshed.

de cet enfant qui venait de naître, il répondit tristement à lord Fitz-Hugh son chambellan : « Henri, né à Montmouth, aura régné peu » et conquis beaucoup; Henri, né à Windsor, » régnera long-temps et perdra tout; mais la » volonté de Dieu soit faite. »

Une si belle défense méritait tous les soins et tous les secours du Dauphin. Le sire d'Offemont, un de ses plus braves chevaliers, fut envoyé pour conduire un renfort à la garnison de Meaux. L'entreprise fut prudemment concertée; pendant qu'une partie de ses gens faisaient une fausse attaque sur le camp des Anglais, le sire d'Offemont pénétra, durant la nuit, jusque dans le fossé. Les assiégés étaient prévenus; ils descendirent des échelles. Le chevalier, en capitaine bien avisé, commença par faire monter devant lui ceux qui l'accompagnaient. Tous gravissaient en silence, et lui derrière eux, lorsque par malheur un des siens, qui peu d'heures auparavant avait volé à un marchand un gros bissac tout rempli de harengs, et qui le portait à son cou, le laissa choir du haut de l'échelle. Le bissac tomba sur la tête du sire d'Offemont, et l'abattit dans le fossé;

aussitôt ses gens s'écrièrent : « Ah! mon Dieu! Monsieur est tombé; vite, au secours de Monsieur. » Le guet des Anglais les entendit; l'entreprise fut découverte, et le sire d'Offemont fait prisonnier [1].

Ce revers commença à décourager la garnison et encore plus les habitans; la ville ne tarda pas à être emportée par un assaut. Mais elle était divisée en deux par la rivière de Marne, et formait, sur chaque rive, comme une forteresse séparée. Le bâtard de Vaurus se réfugia dans l'autre partie qu'on nommait le Marché, et continua de s'y défendre avec la même audace. Le roi d'Angleterre s'empara ensuite d'une petite île fortifiée entre les deux villes, et de là son artillerie écrasait les assiégés; toutefois ils ne se rendirent pas, et surent encore repousser vigoureusement un rude assaut qui leur fut livré; ils firent même une sortie où ils surprirent une grosse troupe d'Anglais. Ceux-ci se défendirent avec courage, et périrent tous, hormis un qui s'enfuit. Le roi d'Angleterre, pour le punir de sa lâcheté, le fit

[1] Journal de Paris. — Monstrelet

enterrer vif avec ses compagnons morts à la bataille. Enfin, dans les derniers jours d'avril, les assiégés, se voyant sans nulle ressource, consentirent à traiter. Ils furent obligés de se rendre à discrétion. Le roi d'Angleterre fit pendre le bâtard de Vaurus à son arbre, et sa bannière lui fut plantée dans la poitrine [1]. Les uns disaient que c'était la juste punition de ses cruautés; les autres, que le roi d'Angleterre ne se comportait pas honorablement, en faisant périr un si vaillant homme. Son cousin, Denis de Vaurus, fut conduit à Paris; il y fut exécuté avec Louis Dugast et deux autres chevaliers. Le trompette, qui avait crié tant d'injures aux Anglais de dessus la muraille, fut aussi pendu; les autres chevaliers et hommes d'armes se rachetèrent par d'excessives rançons [2]. Philippe de Gamaches, abbé de Saint-Pharon, que le vulgaire nommait l'évêque de Meaux, et qui avait combattu aussi vaillamment que les gens de guerre, était tombé aux mains des

---

[1] Monstrelet. — Fenin.

[2] Monstrelet. — Journal de Paris. — Juvénal des Ursins. — Le Relig. de St.-Denis.

Anglais, avec trois religieux de Saint-Denis, dont le courage, durant le siége, n'avait pas été moindre [1]. Pierre Cauchon, évêque de Beauvais, afin de se montrer zélé serviteur des Anglais, faisait grande diligence de faire mourir ces braves ecclésiastiques ; il leur imputait comme un crime d'avoir porté les armes, bien que, d'après des gens sages et doctes, la défense fût de droit naturel, civil et canonique. On les tenait dans une rude prison. Cependant, sur les instances de l'abbé de Saint-Denis, et bien plus encore parce que le sire de Gamaches, capitaine de Compiègne, livra la ville aux Anglais pour sauver son frère, l'abbé de Saint-Pharon et les trois religieux furent délivrés [2].

Le roi d'Angleterre avait pourtant été ému d'admiration aussi-bien que de colère pour cette prodigieuse défense de la ville de Meaux, et pour le prouver, il offrit au sire de Chizé, capitaine de la garnison, de le combler de biens s'il voulait passer à son service ; le chevalier

[1] Journal de Paris.
[2] Juvénal des Ursins.

refusa, et demeura fidèle au Dauphin et à la France [1].

Un petit nombre de chevaliers bourguignons étaient demeurés avec le roi d'Angleterre, et ils avaient montré leur vaillance accoutumée dans les assauts livrés à la ville. Une autre assemblée d'hommes d'armes, sous les ordres de Jean de Luxembourg, continuait la guerre avec les Dauphinois sur les marches de Picardie.

Durant ce temps-là, le duc Philippe réglait tout dans sa province de Bourgogne. Il fit son entrée à Dijon le 19 février; il y jura d'entretenir et de confirmer, à l'exemple de ses prédécesseurs, les priviléges de la ville, et reçut les sermens des maires et échevins, ainsi que ceux des députés des autres villes du duché [2]. Les cérémonies furent, comme on peut croire, de la plus grande magnificence; il y eut des représentations des mystères de la religion et des martyrs des saints. La ville fit des présens à tous les officiers de la maison du Duc; le chancelier eut deux muids de vin et deux mi-

---

[1] Monstrelet.
[2] Histoire de Bourgogne.

nes d'avoine, et chacun en proportion ; les habitans se taxèrent pour subvenir aux dépenses de cette belle réception de leur seigneur. Il ne fut pas moins généreux et magnifique ; il distribua des présens et des aumônes, et fit, selon la coutume, ouvrir les prisons de la ville ; on avait eu soin auparavant de transférer dans la tour de Marcenay tous les prisonniers impliqués dans le meurtre du duc Jean.

Le Duc se retrouvait avec sa mère et ses sœurs ; sa famille lui donna les marques de la plus vive amitié ; un nouveau service funèbre pour son père fut fait aux Chartreux, et toute la noble maison de Bourgogne y assista avec les seigneurs du duché.

La première affaire qui se traita ensuite fut difficile et fâcheuse : il s'agissait de faire jurer à la ville de Dijon la paix de Troyes, cette paix qui donnait le royaume à ses anciens ennemis. Le roi d'Angleterre, pour plus de sûreté, avait fait nommer, par le conseil de France, des commissaires pour requérir ce serment ; à peine en eurent-ils fait connaître les clauses, que chacun en fut révolté ; les bourgeois s'assemblèrent aux Jacobins, et résolurent de refuser le serment. Cependant le maire et les échevins crurent trouver un moyen terme, et proposèrent de jurer qu'ils tiendraient pour roi de France celui que leur seigneur reconnaîtrait pour tel; les commissaires déclarèrent qu'ils ne se contenteraient point de ce serment. Le Duc se trouva dans un grand embarras : il ne voulait point mécontenter le roi d'Angleterre, et cependant il ne pouvait s'irriter contre ses fidèles sujets qui lui montraient confiance et soumission. En outre, c'étaient ses propres droits qu'ils défendaient; car une des clauses qui les choquait le plus, c'était de jurer qu'ils se regarderaient comme sujets et hommes liges du roi de France et d'Angleterre. Le Duc consentit à ce que cet article fût retranché; mais les commissaires refusèrent d'adhérer à ce retrachement. Enfin, pour résoudre les difficultés, il fut convenu que le serment serait prêté en présence du Duc, dans sa chambre : que le procès verbal déclarerait que c'était seulement par son exprès commandement, ainsi que le constateraient encore mieux les lettres qu'il ferait délivrer à cet effet.

Le Duc s'occupa ensuite de tout ce qui pouvait contribuer à l'avantage de ses sujets et au bon ordre de ses états; il confirma et renouvela un traité de paix conclu avec la duchesse de Bourbon, dont le mari était, depuis Azincourt, prisonnier des Anglais; il assura par-là le repos du Beaujolais. La promesse de mariage entre Agnès de Bourgogne et Charles, fils du duc de Bourbon, fut aussi l'objet d'assurances nouvelles et réciproques. Il termina un grand nombre d'affaires et de procédures qui traînaient en longueur depuis beaucoup de temps; il statua sur les unes en son conseil; d'autres furent réglées dans le parlement qu'il assembla à Dôle. C'était encore un parlement selon les coutumes anciennes, qui ne siégeait point d'habitude et se formait de gens de son conseil ou pris dans les trois États. Le Duc le réunissait à sa volonté pour traiter des affaires du duché et pour juger des appels. Il nomma les chevaliers et autres qui devaient le composer, et il fixa leur salaire à tant par jour pour la durée du Parlement. On s'y occupa de règlemens généraux de police, de justice et de finances. Par suite de ce qui y fut résolu, des commissaires réformateurs furent envoyés dans les bailliages et prevôtés ; les lettres du Duc leur conféraient le même pouvoir qu'aux juges assemblés en parlement ; ils pouvaient corriger les abus et prononcer des jugemens au criminel.

Il fallut aussi tenir les États de Bourgogne, car les finances étaient en pauvre situation. Les conseillers du Duc représentèrent à quelles dépenses il avait été contraint par le meurtre de son père, l'entretien des troupes, les voyages, les siéges, les frais de sollicitation, les guerres soutenues pour défendre le duché ou entreprises pour le service du roi, enfin, par la nécessité d'assembler encore les gens de guerre pour combattre les Dauphinois. La conclusion fut qu'en de telles circonstances il fallait une aide au moins double de celle qui avait été accordée au duc Jean lors de son avénement. L'assemblée remontra quelle était la misère du peuple, la mortalité sur les hommes et le bétail, les dommages causés par le passage des gens de guerre ; enfin le subside fut réglé à 36,000 livres ; le Duc proposa quatre élus pour en surveiller la répartition par feu, et en suivre la levée [1].

Le Duc se rendit ensuite dans la Comté, où il prêta foi et hommage à l'archevêque de Besançon, pour les fiefs qu'il tenait de lui, et renouvela le traité par lequel cette ville impériale s'était mise sous la garde des ducs de Bourgogne.

De là il vint à Genève chez son oncle le comte de Savoie, qui lui donna de grandes fêtes avec des joutes sur le lac. A son retour à Dijon, il reçut avec non moins de pompe le duc Charles de Lorraine. Deux grands tournois furent célébrés : au premier, le duc Philippe parut vêtu de taffetas vert, contre sa coutume, car il s'habillait toujours en noir ; il portait la devise : *pour la servir*. Le lendemain il avait adopté la couleur gris-blanc, et la devise : *Roye et Gand*. Ce voyage du duc de Lorraine fut avantageux au parti que suivait le duc de Bourgogne ; ils contractèrent une alliance par laquelle le duc Charles s'engagea à reconnaître le traité de Troyes.

[1] Histoire de Bourgogne.

Pendant que le Duc donnait ainsi tous ses soins au gouvernement de son duché, et passait son temps dans les entrevues et les fêtes, la guerre se continuait. Meaux n'était pas encore rendu ; le sire de Luxembourg s'emparait du Quesnoi et de quelques autres forteresses sur les marches de Flandre et de Picardie. Mais d'un autre côté les Français avaient de plus grands avantages. Les Bourguignons, sous les ordres du sire de la Roche-Baron, gentilhomme du Forez, s'étaient répandus dans le Lyonnais et l'Auvergne, et y commettaient beaucoup de désordres. Les habitans de ces provinces résolurent de se défendre. Imbert de Grollée, bailli de Lyon, le sire de la Fayette, le sire Bernard d'Armagnac, formèrent une assemblée de gens d'armes [1]. Les Bourguignons se renfermèrent dans la forteresse de Serverette : ils y furent assiégés ; les Français y mirent le feu, et le sire de la Roche-Baron se sauva presque seul. Toute l'Auvergne fut perdue, le Charolais et le Mâconnais menacés, le comté de Nevers envahi ; bientôt après la

[1] Mer des chroniques et histoires.

ville de La Charité fut prise, et la garnison de Cosne forcée à promettre qu'elle rendrait la ville si elle n'était point secourue avant le 16 d'août. Il devenait donc pressant de s'opposer au progrès des armées du Dauphin. Le Duc instruisit le roi d'Angleterre du danger que courait la ville de Cosne, et lui fit remontrer combien il importait de la sauver; lui-même envoya un héraut au Dauphin, pour lui faire savoir qu'il se trouverait au rendez-vous avant le jour fixé; le prince répondit qu'il l'attendrait de pied ferme.

Le roi Henri, qui était en ce moment à Senlis, où il était venu au-devant de la reine sa femme, promit de se rendre en personne au secours de la ville de Cosne. Le Duc se mit en route le 9 juillet, pour se réunir avec lui à Troyes, où devaient aussi lui arriver ses troupes de Flandre. Mais à ce moment il reçut la nouvelle triste et inattendue de la mort de madame Michelle de France, sa femme; elle venait d'être enlevée tout à coup, à l'âge de vingt-huit ans, par une maladie vive et rapide. Les peuples de Flandre et surtout les Gantois, témoins, depuis plusieurs années, de sa douceur, de sa bonté, de ses aumônes, furent frappés de douleur par cette funeste mort; ils ne voulurent pas croire qu'elle fût naturelle, et y cherchèrent quelque cause de sortilége ou de poison. Leurs soupçons se portèrent bientôt sur la dame Ursule, femme du seigneur de la Viefville, et dame de la princesse. Après avoir joui de toute sa faveur, elle venait d'être renvoyée de sa maison; sur cette idée, les Gantois envoyèrent cent vingt hommes pour se saisir de la dame de la Viefville qui était à Ath; quelques gentilshommes de sa parenté s'opposèrent à cette exécution. Les gens de Gand étaient si animés, qu'ils mirent en prison leurs commissaires, pour s'être mal acquittés de la charge qu'on leur avait confiée. L'affaire fit tant de bruit, que les officiers de justice du Duc firent des informations à Lille, à Arras, à Dijon; le Parlement de Paris en ordonna aussi; le sire de Roubais se trouva compris dans ces accusations [1]. La procédure dura long-temps; le sire de Roubais

---

[1] Histoire de Bourgogne. — Monstrelet. — Lefebvre Saint-Remi. — Meyer. — Fenin.

fut d'abord condamné au bannissement par contumace; enfin, après une année, la complète innocence de la dame Ursule fut reconnue, et le Duc lui fit même une réparation.

La triste nouvelle de cette mort arrêta pendant quelques jours la marche du duc Philippe; mais le terme où Cosne devait se rendre approchait, et il fallait secourir la ville. Le roi d'Angleterre était tombé gravement malade; il envoya son frère, le duc de Bedford, qui assembla l'armée anglaise à Vezelay; les Bourguignons étaient réunis à Avallon. Les deux armées, sous les ordres du Duc de Bourgogne et de Jean de Luxembourg, du duc de Bedford et du comte de Warwick, arrivèrent le 11 août devant Cosne [1].

Le Dauphin, sachant combien étaient considérables les forces des ennemis, ne jugea pas à propos de les combattre; il rendit aux gens de Cosne les otages qu'ils avaient donnés, repassa la Loire et se retira sur Bourges. Quelques-uns des Anglais et des Bourguignons voulurent le poursuivre et furent repoussés.

---

[1] Monstrelet — Fenin. — Abrégé chronologique.

Il n'eût pas été prudent de passer la rivière et de s'engager dans le Berri; les vivres étaient devenus si rares, que la marche des armées n'était pas chose facile ; elles souffraient beaucoup de la famine et ne pouvaient rester long-temps assemblées; d'ailleurs, le duc de Bedford avait laissé le roi Henri très-malade, et les nouvelles qu'il en recevait lui donnaient peu d'espoir. Le duc de Bourgogne ramena l'armée près de Troyes, et les seigneurs anglais se hâtèrent de revenir près de leur roi qui s'était fait transporter en litière à Vincennes.

Ils le trouvèrent gisant sur son lit, connaissant bien qu'il approchait de la mort, et la voyant venir avec sa fermeté accoutumée [1]. Il chercha à les consoler par des paroles graves et douces : « Je vois bien, leur » dit-il, que Dieu ne veut plus me lais- » ser en ce monde. Mon cher frère Bedford, » je vous prie, au nom de la loyauté et de » l'amour que vous avez toujours eus pour

---

[1] Lefebvre Saint-Remi. — Monstrelet. — Fenin. — Hollinshed.

» moi, d'être aussi toujours bon et loyal
» pour mon fils Henri. Par-dessus tout,
» je vous recommande de ne pas souffrir,
» tant que vous vivrez, quelque chose qu'il
» advienne, qu'aucun traité soit fait avec
» notre adversaire Charles de Valois, à moins
» que la Normandie ne reste entièrement à
» mon fils. Jusqu'à ce qu'il soit en âge de
» gouverner ses affaires, gardez-vous aussi
» de délivrer de prison notre cousin d'Or-
» léans, le comte d'Eu, le seigneur de Gau-
» court et le sire de Chizé, ancien gouver-
» neur de Meaux. Je vous laisse le gouver-
» nement de France, à moins que notre frère
» de Bourgogne ne veuille l'entreprendre;
» car, sur toutes choses, je vous conjure de
» n'avoir aucune dissension avec lui. S'il ar-
» rivait par malheur, et Dieu vous en pré-
» serve, quelque malveillance entre vous et
» lui, les affaires de ce royaume, qui sem-
» blent fort avancées pour nous, deviendraient
» mauvaises. Recommandez ceci bien expres-
» sément à mon frère de Glocester, à qui je
» laisse le gouvernement d'Angleterre; di-
» tes-lui que, pour quelque motif que ce soit,

» il n'en sorte point, et ne vienne jamais en
» France. — Pour vous, mon cousin de War-
» wick, je veux que vous soyez le maître de
» mon fils : que vous demeuriez avec lui pour
» le conduire et l'enseigner selon son état; je
» ne saurais y mieux pourvoir. — Mon frère
» de Bedford, en souvenir de m'avoir tant aimé,
» vous surveillerez et visiterez souvent votre
» neveu. »

Le duc de Bedford, le comte de Warwick, sir Louis Robsart, et ceux de ses plus dévoués serviteurs qui l'entouraient, répondirent avec tendresse et soumission qu'ils lui obéiraient en tout; mais leur cœur était plein de douleur, et ils ne pouvaient retenir leurs larmes. Le sire Hugues de Lannoy, qui était venu de la part du duc de Bourgogne s'enquérir des nouvelles du roi d'Angleterre, assistait à ces nobles adieux, et alla reporter à son maître les assurances dernières de l'amitié de son royal allié.

Puis il fit entrer ses médecins et leur demanda de lui dire franchement combien de temps il avait encore à vivre; ils demeurèrent un moment sans répondre ; enfin l'un d'entre eux lui dit que Dieu pouvait, par sa grâce, lui conserver la vie. « C'est la vérité que je » veux, dit-il; répondez-moi. » Ils se retirèrent un moment à l'écart, et après quelques paroles dites entre eux, un médecin se mit à genoux devant son lit, et lui dit: « Sire, » pensez à votre âme; il nous semble que, » sauf la miséricorde divine, vous n'avez pas » deux heures [1]. » Pour lors il manda son confesseur et quelques gens d'église; il pria qu'on lui récitât les psaumes de la pénitence. Quand on en vint à ces paroles du vingtième verset du *Miserere: Ut ædificentur muri Hierusalem*, il les fit arrêter: « Ah! dit-il, si Dieu » eût voulu me laisser vivre mon âge, après » avoir mis fin à la guerre de France, réduit » le Dauphin à la soumission ou l'avoir chassé » du royaume, dans lequel j'aurais établi une » bonne paix, je serais allé conquérir Jéru- » salem; car ce n'est pas l'ambition ni l'amour » de la vaine gloire du monde qui m'a mis les » armes à la main. Je voulais défendre mon » bon droit, réclamer mon héritage, et ren-

[1] Hollinshed.

» dre aux peuples le repos dont ils ont tant
» de besoin. Les guerres que j'ai entreprises
» ont eu l'approbation de tous les prud'hom-
» mes et des plus saints personnages; je les
» ai commencées et poursuivies sans offen-
» ser Dieu et sans mettre mon âme en pé-
» ril. » Ensuite on se remit à chanter les psaumes, et peu après il rendit l'âme : c'était le 31
août 1422 [1].

Ainsi périt, à l'âge de trente-quatre ans, après
un règne de neuf années, ce roi qui avait
porté si loin la puissance de l'Angleterre. Il
était regardé comme un prince habile et sage,
ferme et hautain dans sa volonté, et sachant
mener à la fin les choses qu'il entreprenait.
Les Anglais avaient pour lui beaucoup d'a-
mour, de respect et de crainte. Il était impi-
toyable dans ses justices, et ne souffrait pas
qu'on s'écartât de ses ordonnances. Les Français louaient en lui la soumission où il tenait
les princes de son sang et ses capitaines; mais
ils le trouvaient plus altier et plus dur dans

---

[1] Monstrelet. — Lefebvre Saint-Remi — Fenin. — Juvénal.

ses façons que ce n'est la coutume en France. Le menu peuple, le voyant porté à traiter sévèrement les gentilshommes, à punir leurs insupportables violences et leurs extorsions, à les empêcher de faire nourrir leurs chevaux, leurs chiens et leurs oiseaux par les pauvres laboureurs, commençait à s'attacher à lui; le clergé même lui rendait grâce de la volonté qu'il faisait paraître de réprimer la licence. Le bruit courait parmi le vulgaire que sa maladie lui avait été envoyée par saint Fiacre, parce qu'il avait eu la volonté de faire transporter en Angleterre les précieuses reliques de ce saint. Il était mort en effet de la dyssenterie et des hémorrhoïdes qu'on nommait alors le mal saint Fiacre.

Les Anglais désolés lui firent des funérailles magnifiques : son corps fut embaumé, déposé d'abord à Saint-Denis, où fut célébré un service solennel, puis placé sur un chariot; on y avait fait, en cuir bouilli, une représentation de sa figure, qui gisait sur un lit de parade, vêtue de tous les ornemens royaux. Ce char était traîné par quatre chevaux : le premier portait un collier aux armes d'Angleterre; le

second, aux armes de France et d'Angleterre
écartelées; le troisième, aux armes de France;
le quatrième avait l'armoirie du fameux et
invincible roi Artus de Bretagne, trois couronnes sur un écu d'azur; un pompeux cortége
accompagnait le char funèbre. Le duc de
Bedford et toute la maison du roi d'Angleterre
suivaient en grand deuil. Des hommes vêtus
de blanc portaient des torches. On cheminait
lentement, chantant des psaumes et l'office
des morts. Le clergé sortait des villes pour
venir au-devant du convoi, et conduisait le
char sous un dais jusqu'à l'église principale;
le lendemain matin il reprenait sa route. Ce
fut de la sorte que ses obsèques se rendirent à
Calais, en suivant la route de Rouen et d'Abbeville; la foule se portait sur le passage; c'é-
tait l'objet de la curiosité de tous, et l'on ne
parlait d'autre chose. On racontait toute cette
magnificence à un vieux chevalier nommé messire Sarrazin que la goutte empêchait d'aller
voir ce convoi, et comme on lui disait que cette
figure représentant le roi d'Angleterre était
vêtue comme lui de son vivant : « A-t-il ses
» houzeaulx ? demanda-t-il. — Non, lui répon-

» dit-on. — Hé bien, mes bons amis, en vou-
» lant conquérir la France, il aura perdu ses
» houzeaulx. » On s'amusa beaucoup de cette
plaisanterie, et l'on en tirait bon augure pour
le royaume [1].

Le duc de Bourgogne était arrivé trop tard
pour être présent aux derniers momens du roi
Henri ; il assista à ses funérailles. Conformément aux conseils que son frère mourant lui
avait donnés, le duc de Bedford offrit la régence
de France au duc de Bourgogne : il refusa de
s'en charger. Dans ce moment difficile où la
mort de ce grand roi préoccupait encore les
esprits, où il semblait que tout allait se perdre
si l'on ne suivait pas ses sages volontés, les
Anglais s'attachèrent principalement à se con-
cilier l'amitié du duc Philippe [2]. La reine Isabelle, qui revint bientôt après avec le roi, de
Senlis à Paris, lui fit aussi un accueil de grande
affection. Elle souhaitait, disait-on, d'avoir la
régence [3] ; mais elle fut déférée au duc de Bed-

[1] Monstrelet.
[2] Monstrelet. — Hollinshed. — Histoire de Bourgogne.
[3] Villaret.

ford, qui passait pour un sage prince. Un des premiers actes de son gouvernement fut d'accorder au duc Philippe la liberté du sire de l'Isle-Adam, qui, malgré les soupçons répandus parmi les Anglais, resta fidèle Bourguignon, et ne passa point dans le parti du Dauphin.

Le Duc, après avoir séjourné quelques semaines à Paris, s'en retourna dans ses états de Flandre. Il avait pourvu avec le plus grand soin aux affaires du duché et de la comté de Bourgogne. Lorsqu'il en était parti, il venait d'y établir une chambre du conseil, à laquelle il avait donné les plus grands pouvoirs pour gouverner et administrer la justice, les finances, et faire toutes les choses bonnes et convenables pour la sûreté et le contentement de la chose publique. Cette chambre pouvait voir et connaître de toutes plaintes et clameurs, recevoir toutes requêtes et y pourvoir, connaître de tous cas criminels et civils ordinairement et extraordinairement, ainsi que des appellations des Parlemens de Beaune, de Dôle et de Saint-Laurent près Mâcon : les évoquer devant elle, et instruire les procès et appellations jusqu'à sentence définitive exclusivement : élire quatre de ses membres ou autres pour aller, en qualité d'auditeurs, tenir les jours dans le ressort du Parlement de Beaune : enfin, pourvoir à tous attentats, abus de justice et autres cas de réformation. Elle était présidée par le plus renommé et le plus habile des conseillers du Duc, Guy Arménier, docteur en droit, qui, durant les huit premières années de son règne, fut constamment appelé par ce prince et toute sa famille pour conclure et écrire tous les traités de mariage ou d'alliance; tant était grande la confiance qu'on mettait en lui. Les autres conseillers de cette chambre souveraine étaient le sire de Pontailler, le seigneur de Commarin, le seigneur de Villiers, chambellan du Duc, Jacques de Busseul, son écuyer, Jean Chossat, maître des comptes, Jean Noisdent, son trésorier et gouverneur des finances, maître Guillaume le Changeur, maître Claude Rochette, maître Guichard de Ganay, et maître Jean de Terrant [1].

---

[1] Preuves de l'Histoire de Bourgogne.

Quarante jours après que le duc de Bourgogne eut quitté Paris, le roi de France tomba malade de la fièvre quarte, et mourut presque aussitôt. Déjà depuis long-temps il n'avait plus ni raison ni mémoire; cependant il était toujours demeuré chéri et respecté du pauvre peuple; jamais on ne lui avait imputé aucun des malheurs qui avaient désolé le royaume pendant les quarante-trois années de son règne. On se souvenait que, dans sa jeunesse, il avait su plaire à tous par sa douceur, sa courtoisie, ses manières aimables : que de grandes espérances de bonheur avaient été mises en lui, et qu'il avait été surnommé le Bien-Aimé [1]. On s'était toujours dit que les maux publics, les discordes des princes, les rapines des grands seigneurs, le défaut de bon ordre et de discipline, provenaient de l'état de maladie où était tombé ce malheureux prince. La bonté, qu'il laissait voir dans les intervalles de santé, avait augmenté cette idée, et avait fait de ce roi insensé un objet de vénération, de regret et de pitié; le peuple semblait l'aimer de la haine

---

[1] Journal de Paris. — Juvénal des Ursins.

qu'il avait eue pour tous ceux qui avaient gouverné en son nom. Quelques semaines encore avant sa mort, quand il était rentré dans Paris, les habitans, au milieu de leurs souffrances et sous le dur gouvernement des Anglais, avaient vu avec allégresse leur pauvre roi revenir parmi eux, et l'avaient accueilli de mille cris de Noël. C'était un sujet de douleur et d'amertume que de le voir ainsi mourir seul, sans qu'aucun prince de France, sans qu'aucun grand seigneur du royaume lui rendît les derniers soins. En attendant le retour du régent anglais qui suivait alors le convoi du roi Henri, le corps du roi de France fut laissé à l'hôtel Saint-Paul, où chacun put, durant trois jours, le venir voir à visage découvert, et prier pour lui : c'est à quoi ne manquait pas le menu peuple. « Ah! cher prince,
» disait-on en pleurant par les rues; jamais
» nous n'en aurons un si bon que toi; jamais
» plus nous te verrons; maudite soit ta mort;
» puisque tu nous quittes, nous n'aurons jamais
» que guerres et malheurs. Toi, tu t'en
» vas au repos; nous demeurons dans la tribu-
» lation et la douleur; nous semblons faits

» pour tomber dans la détresse où étaient
» les enfans d'Israël durant la captivité de Ba-
» bylone. »

Pendant vingt jours, tous les corps de la ville et du royaume vinrent l'un après l'autre visiter la chapelle de l'hôtel Saint-Paul, et faire des prières sur le corps du roi ; puis revint le duc de Bedford, qui ordonna les obsèques ; le Parlement avait déjà commis un de ses membres pour y pourvoir en vendant les meubles du roi, tant la détresse des finances était grande [1]. Cependant le convoi fut magnifique. La représentation du corps, revêtue de tous les vêtemens et ornemens royaux, était placée sur le cercueil. Tout le clergé de Paris, les religieux des couvens, sept évêques, un grand nombre d'abbés, tenaient la droite du cortége ; l'Université était à gauche ; les gens du Parlement soutenaient le dais au-dessus du corps ; les serviteurs de la porte et les écuyers portaient le cercueil. Les gens de la maison étaient rangés à la droite, les prevôts de Paris et des marchands à la gauche ; le premier

[1] Registres du Parlement.

valet de chambre tout auprès du corps, et le grand chambellan à la tête.

Puis venaient les pages, et ensuite le duc de Bedford à cheval et vêtu de noir, seul prince qui suivît les funérailles du roi. C'était une grande pitié que de voir ainsi le deuil du roi de France mené par un Anglais, par un ancien ennemi du royaume qui en était devenu le maître. Toute la royale famille de France était dispersée : le Dauphin et ses partisans étaient traités en ennemis : d'autres étaient depuis huit années prisonniers en Angleterre ; mais le duc de Bourgogne, pourquoi n'y était-il pas ? Voilà ce qui étonnait et indignait beaucoup de bons et loyaux Français [1]. « Ah ! disaient-ils, et même
» assez haut, durant cette triste procession, c'est
» vous, duc de Bourgogne, qui l'avez mis aux
» mains de ses ennemis; vous avez su sa ma-
» ladie, et qu'elle était mortelle, et vous n'êtes
» point venu recueillir ses derniers soupirs !
» Depuis sa mort on vous a attendu, et vous
» n'avez point paru; si vous l'eussiez voulu,
» on eût encore différé jusqu'à votre retour,

[1] Juvénal des Ursins.

» mais vous l'abandonnez en sa mort comme
» en sa vie. » Les motifs que répondaient les
serviteurs qu'il avait envoyés au duc de Bedford
pour s'excuser ne semblaient pas suffisans ; la
crainte de céder le pas à ce prince d'Angleterre,
ne le dispensait pas, disait-on, de ce saint
devoir [1].

Lorsque le cortége fut à la croix qui est à
moitié chemin de Paris à Saint-Denis, les
hanouards, ou mesureurs de sel, ayant chacun
une fleur de lis sur la poitrine, se chargèrent
du cercueil, conformément à leurs priviléges,
et le portèrent jusqu'à l'entrée du bourg de
Saint-Denis, où les religieux devaient le
prendre; mais ce fardeau, de plus de quatorze
cents livres pesant, leur paraissant trop lourd,
ils promirent de l'argent aux hanouards pour
qu'ils continuassent jusqu'à l'église.

Le service fut célébré, sans préjudice des
droits de l'abbé de Saint-Denis, par le pa-
triarche de Constantinople, qui faisait alors
fonction d'évêque de Paris ; car les Anglais ne
permettaient point que le célèbre docteur

---

[1] Histoire de Bourgogne.

Courtemisse, que le chapitre avait élu, prit possession de son siége.

L'église était tendue en noir, et on l'avait éclairée de tant de cierges, qu'on estima qu'il s'y était brûlé vingt milliers de cire. Les aumônes furent aussi toutes royales : seize ou dix-huit mille personnes reçurent chacune trois blancs.

Lorsque le corps fut descendu dans le caveau, les huissiers d'armes de chez le roi brisèrent leurs baguettes et les jetèrent sur le cercueil; puis ils renversèrent leurs masses, et les autres serviteurs baissèrent aussi leurs épées, comme pour signifier que leur charge était finie. Pour lors Berri, roi d'armes de France, cria à haute voix : « Dieu veuille » avoir pitié et merci de l'âme de très-haut » et très-excellent prince Charles, roi de » France, sixième du nom, notre naturel et » souverain seigneur. » Ensuite il reprit: « Dieu » accorde bonne vie à Henri, par la grâce de » Dieu, roi de France et d'Angleterre, notre » souverain seigneur. » Les sergens relevèrent aussitôt leurs armes et leurs masses, et crièrent : « Vive le roi! vive le roi [1] ! »

[1] Villaret.

Après la cérémonie, une dispute vive s'éleva entre les mesureurs de sel, les religieux de l'abbaye, et les gens de la maison du roi, pour savoir à qui appartiendraient quelques ornemens funéraires. On allait en venir aux mains; le duc de Bedford interposa son autorité, et renvoya les contendans en justice. Le cortége retourna à Paris en fort bon ordre, et le régent anglais fit porter devant lui l'épée nue, sans s'inquiéter des murmures du peuple, qui le voyait avec chagrin s'arroger ainsi un privilége tout royal [1].

Le Dauphin, lorsqu'il apprit la mort du roi, était en Berri, à Mehun-sur-Yèvres. Nonobstant tous les maux qu'on lui avait faits au nom de son père, et ce funeste traité par lequel il avait été déshérité, il pleura beaucoup en recevant cette nouvelle, et prit aussitôt une robe noire; mais le lendemain, d'après l'avis de son conseil, il se revêtit du deuil royal, et se rendit solennellement à la messe en robe violette; car les rois, dit-on, ne doivent jamais quitter la pourpre. Les hérauts étaient

---

[1] Journal de Paris.

vêtus de leur blason. La bannière de France fut levée; et ce fut en cette pauvre chapelle, dans une bourgade presque inconnue, que, pour la première fois, il fut salué du cri de « Vive le roi! » Puis il se rendit à Poitiers, où, avec une plus grande pompe, il se fit couronner [1]. Dès lors, et bien qu'il ne fût pas encore sacré, il fut, pour tous les bons Français, le roi Charles VII. Les Anglais, par dérision, le nommaient le roi de Bourges; mais on pouvait voir dès lors combien il serait difficile de vaincre son bon droit et d'établir d'une façon durable le pouvoir des anciens ennemis du royaume [2].

Durant les vingt jours qui suivirent la mort du roi Charles VI [3], le Parlement siégeant à Paris, tout composé qu'il était de Bourguignons zélés, présidé par Philippe de Morvilliers, cet empressé serviteur des Anglais, et malgré l'avis du chancelier, n'avait point voulu que les actes fussent scellés au nom du roi

[1] Monstrelet. — Ordonnances des rois de France.
[2] Hollinshed.
[3] Reg. du Parlement.

Henri VI, et avait réglé qu'en attendant ils le seraient au nom du chancelier et du conseil de France. Ce fut seulement après l'arrivée du duc de Bedford qu'on consentit à reconnaître l'autorité du jeune roi d'Angleterre, pour lors âgé de dix mois [1]. Dès ce moment, un grand nombre de seigneurs commencèrent à passer dans le parti du roi Charles VII. Ils avaient jusque-là obéi à un roi de France dont ils respectaient le caractère royal; ce n'était pas lui qui gouvernait, il est vrai, mais tout se passait en son nom; sa personne était encore un objet de vénération; son parti était le parti du roi. Maintenant ce n'était plus la bannière de France qu'il fallait suivre, sur les monnaies et partout à l'écusson des fleurs de lis était joint l'écusson d'Angleterre; des Anglais étaient nommés gouverneurs de toutes les villes; c'était à eux qu'il fallait obéir. Tout cela semblait bien rude et bien nouveau. D'ailleurs, quelle assurance pouvait-on prendre sur le règne d'un enfant au berceau, qui allait être pendant quinze ans au moins en minorité !

[1] Hollinshed.

En outre, les affaires du Dauphin devenu roi n'étaient pas, pour le moment, en mauvaise situation ; ses partisans et les compagnies de gens de guerre qui combattaient en son nom, tenaient le Berri, le Bourbonnais, l'Auvergne, le Poitou, la Saintonge, le Limousin, le Dauphiné; ils avaient récemment repris le Languedoc sur le comte de Foix, qui y commandait pour les Bourguignons; le Maine et l'Anjou, domaines de la maison de Sicile, étaient du parti français. D'Orléans et de Blois, qui leur servaient de refuge et d'appui, les compagnies dauphinoises se répandaient dans la Beauce et venaient parfois jusqu'auprès de Paris, surprenant des châteaux et des forteresses. Saintrailles et le sire de Gamaches faisaient encore une vigoureuse guerre sur les marches de Picardie et dans le Vexin. Depuis l'échec du seigneur de Roche-Baron, les affaires allaient de plus mal en plus mal pour les Bourguignons du côté du Beaujolais. Bernard d'Armagnac et le sire de Grollée, bailli de Lyon, s'étaient fait une forte armée; ils avaient envahi le Charolais, s'étaient emparés de la ville de Tournus, menaçaient Mâcon, et répandaient l'effroi dans toute la Basse-Bourgogne. Le Nivernois se trouvait plus exposé encore à être envahi, et les Français pouvaient s'avancer de l'Orléanais jusque sur Sens et même Auxerre.

Sur ces entrefaites, le duc de Savoie, oncle du duc Philippe, prince tout dévoué à la maison de France, et qui s'était toujours entremis avec tant de zèle pour y rétablir la concorde, essaya encore d'amener un traité de paix. Le voisinage et la parenté le mettaient en rapport habituel avec sa belle-sœur la duchesse douairière de Bourgogne, qui, en l'absence de son fils, s'occupait toujours avec un grand zèle du bien-être de ses chers sujets du duché [1]. Souvent des marchands de Savoie étaient dévalisés et retenus par les compagnies bourguignonnes; d'autres fois le conseil de Bourgogne faisait solliciter le duc de Savoie de refuser passage sur son territoire aux compagnies françaises; ainsi il y avait sans cesse des ambassades et des conférences pour traiter les affaires des deux pays. Ce prince fit si bien, qu'il ménagea un pour-

---

[1] Pièces justificatives de l'Histoire de Bourgogne.

parler à Bourg en Bresse, entre les envoyés du roi et ceux du duc Philippe. Le chancelier de Bourgogne, Nicolas Raulin, y vint avec une grande suite, et y tint un état splendide. Mais il n'y eut moyen de rien conclure[1]. Les ambassadeurs de France se montrèrent hautains et absolus; ils reprochèrent ouvertement aux Bourguignons la conduite de leur maître, qui avait appelé les Anglais dans le royaume, qui sacrifiait ses devoirs envers la couronne et même ses propres intérêts, à la vengeance, qui transportait le sceptre de France sous la domination de ses anciens ennemis; ils allèrent même jusqu'à parler de félonie et de lèse-majesté. Les ambassadeurs de Bourgogne, aigris par des paroles si rudes, ne conservèrent pas plus de ménagemens; ils traitèrent le roi de jeune homme faible et de peu de sens; ils lui imputaient surtout d'être livré entièrement à des conseillers sortis de petit lieu, sans consistance dans le royaume, tels que Tanneguy Duchâtel, le président de Provence, et maître Robert le Masson, gens violens et ennemis

[1] Histoire de Bourgogne.

de la paix, parce qu'elle les réduirait à rien, précipitant toujours leur maître dans des partis violens, l'ayant poussé dans la révolte contre son père, et rendu complice, par sa présence et son parjure, du meurtre infâme du duc Jean.

Ce n'était pas une route pour arriver à la paix ; l'assemblée se sépara le 22 janvier ; le duc de Savoie conserva toutefois la volonté et l'espoir de renouer des négociations. Celles-ci, quelle qu'eût été leur issue, donnèrent de l'inquiétude au duc de Bedford. Depuis la mort du roi Henri, les affaires devenaient chaque jour plus difficiles ; il venait de découvrir une conspiration tramée à Paris pour livrer la ville au roi ; et il lui avait fallu se hâter pour arriver à temps de la prévenir. Les auteurs n'étaient point des gens sans crédit parmi le peuple, ni de simples émissaires du roi Charles VII. L'entreprise avait été concertée dans la bourgeoisie. Un des principaux chefs était Michel Lailler, qui jusqu'alors avait semblé des plus empressés pour les Anglais ; dernièrement il était allé en Angleterre porter au jeune roi Henri les respects de la ville ; et, sans doute pour mieux cacher ses desseins, il avait conjuré le duc de Bedford d'arriver au plus tôt avec un bon nombre de combattans, pour chasser les Dauphinois des forteresses voisines de Paris [1]. Le complot découvert, Michel Lailler parvint à s'échapper; d'autres furent moins heureux, et il y en eut un bon nombre d'exécutés; une femme fut brûlée vive. Peu après, le régent anglais fit prêter à tous les habitans de Paris, bourgeois ou ecclésiastiques, tant grands que petits, jusqu'aux servantes et aux gardeurs de pourceaux, le serment de lui obéir en tout et pour tout, et de nuire de tous leurs pouvoirs aux complices ou alliés de Charles de Valois, soi-disant roi de France; ce serment fut prêté à contre-cœur par bien des gens [2].

Peu de jours après, Meulan fut surpris par le sire de Graville, et la garnison anglaise presque toute mise à mort. La Ferté-Milon se livra aussi aux Français. Le duc de Bedford, qui était un homme prudent et habile, vit bien que le moment devenait périlleux, et qu'il

---

[1] Monstrelet. — Hollinshed.
[1] Journal de Paris.

importait plus que jamais, suivant le sage conseil du roi Henri, de resserrer l'alliance avec le duc de Bourgogne. On pouvait en effet craindre que sa disposition fût peu favorable aux Anglais. Il était entouré de conseillers fidèles à sa personne, il est vrai, mais Français dans le cœur. Le duc de Savoie nourrissait un actif désir de rétablir la paix, et avait du crédit sur lui. En outre, le duc Philippe avait un grand motif d'être irrité contre l'Angleterre ; depuis long-temps elle différait de lui donner satisfaction sur un point important.

Après la mort du comte de Hainaut, beau-frère du duc Jean-sans-Peur, Jacqueline de Hainaut, sa fille unique, s'était trouvée héritière du Hainaut, de la Hollande et de la Zélande; elle avait eu d'abord à se défendre contre son oncle Jean-sans-Pitié, évêque de Liége; il avait envahi la Hollande. La jeune princesse était remplie de courage et de résolution ; elle eut pour elle un parti qui se défendit vaillamment. Cette guerre fut longue et cruelle, et réveilla toutes les vieilles discordes qui depuis

---

[1] 1423-1422 (v. st.) L'année commença le 4 avril.

cent ans divisaient ce pays. Le duc de Bourgogne intervint dans le différend, et conclut un traité d'après lequel l'évêque de Liége devait avoir, pendant douze années, la jouissance de la Hollande et de la Zélande. Peu après, Jean-sans-Pitié se fit séculariser par le pape ; après avoir versé le sang de tant de chrétiens pour rester évêque, il se démit de son évêché, et épousa Élisabeth de Luxembourg, duchesse douairière de Brabant, veuve du duc qui avait péri à Azincourt [1]. A peu près en même temps, pour mieux unir toutes les branches de la maison de Bourgogne, on fit le mariage de Jean, duc de Brabant, avec Jacqueline de Hainaut. Le prince était plus jeune qu'elle ; ils étaient cousins germains, et de plus elle était sa marraine ; mais on eut des dispenses du pape. Ce fut contre le gré de madame Jacqueline que se fit ce mariage ; le duc de Brabant était faible de corps, de santé et d'esprit, entièrement conduit par ses serviteurs ; il ne semblait

---

[1] Monstrelet. — Meyer. — Chronique des ducs de Brabant, de Barlandus. — *Synopsis ducum Brabantiæ* : Hubert Loyens.

nullement suffisant pour gouverner ni ses états, ni une princesse belle, grande, absolue dans ses volontés, et que rien n'arrêtait dans ses projets. Ils se convinrent en effet très-mal. Ils n'étaient pas mariés depuis long-temps, lorsqu'un jour le bâtard de Hainaut, frère de la duchesse, et quelques autres, s'en vinrent à Mons pendant que le Duc était à la chasse, tuer Guillaume-le-Bègue, son principal gouverneur, qui était pour lors malade; le bailli de Hainaut était auprès du lit; ils lui enjoignirent de ne pas bouger et de se taire; puis ils s'éloignèrent de la ville sans être nullement inquiétés. Le duc de Brabant fut d'abord troublé et courroucé de la mort violente d'un homme qui avait toute sa confiance et son affection. Madame Jacqueline avait de l'empire sur lui; elle l'apaisa, et il ne fut plus question de ce meurtre commis à sa persuasion, comme chacun le croyait. Quelque temps après, Philippe, comte de Saint-Pol, frère du duc de Brabant, s'en vint à Bruxelles, mandé par la duchesse Jacqueline et par les nobles du pays. Il s'empara du gouvernement, fit trancher la tête à presque tous les serviteurs et conseillers de son frère, et rétablit le pouvoir de la noblesse.

Mais c'était toujours nouvelles discordes. Le duc de Brabant retombait sans cesse sous le gouvernement de quelqu'un de ses serviteurs, gens de petit état, que la duchesse Jacqueline prenait en haine. Le duc Philippe de Bourgogne leur cousin germain, madame la douairière de Hainaut qui les avait mariés, s'entremettaient pour rétablir la paix entr'eux, mais ne réussissaient guère. Enfin le duc de Brabant ayant, à la persuasion de quelqu'un de ses conseillers, chassé un jour toutes les femmes de la duchesse, et les ayant exilées en Hollande, elle ne put endurer cette injure, quitta son mari, et retourna à Valenciennes, chez sa mère. Là, on tâchait de la calmer et de la ramener à la raison. Pour se mettre à l'abri de tant d'importunités et rendre cette séparation durable et solide, elle feignit d'aller faire un voyage d'amusement à Bouchain. Là, elle trouva le sire d'Escaillon, chevalier natif du Hainaut, mais de tout temps Anglais dans le cœur. Avec une compagnie de soixante hommes, il la conduisit à Calais, d'où elle passa en Angleterre, pour demander asile et protection au roi Henri, qui pour lors était vivant : c'était en 1421.

Elle ne tarda guère à s'attacher le duc de Glocester, frère du roi, et forma le projet de l'épouser. Elle fit solliciter à la cour de Rome l'annulation de son mariage avec le duc de Brabant, sous prétexte qu'elle avait été contrainte; et comme le pape Martin V ne lui semblait pas favorable, elle s'adressa à l'antipape Benoît XIII, qui vivait encore et qui refusait toujours de se soumettre au concile de Constance. Ayant obtenu de lui ce qu'elle souhaitait, elle épousa le duc de Glocester.

Avant la mort du roi Henri, le duc de Bourgogne lui avait souvent porté de vives plaintes sur cette injure faite au duc de Brabant. Mais, soit que le roi d'Angleterre eût de plus pressantes affaires, soit qu'il vît avec satisfaction son frère acquérir des droits sur une aussi grande souveraineté que le patrimoine de madame Jacqueline, il n'avait jamais donné de réponse sincère. Il traînait la chose en longueur, se fiant à la patience du duc de Bourgogne.

Le duc de Bedford avait donc à regagner la faveur du duc Philippe à qui cette affaire de Brabant tenait fort à cœur. Pour contracter avec ce prince un lien solide et durable, il résolut de demander en mariage madame Anne de Bourgogne, sœur du Duc, qui avait alors dix-huit ans. Ce projet fut agréé, et les articles du contrat furent réglés au mois de décembre 1422. La dot fut stipulée à cent cinquante mille écus d'or, dont trente payables comptant, et les autres représentés par une rente de quatre mille livres, rachetable par quarts à la volonté du duc de Bourgogne et de ses héritiers. De plus, madame Anne devait, au cas où son frère décéderait sans héritier mâle, succéder au comté d'Artois, à moins qu'elle ne préférât entrer en commun partage avec ses sœurs. Si, au contraire, le Duc avait un héritier mâle, la part de succession de madame de Bedford devait être de cent mille écus d'or [1].

A ce même moment, un mariage important aussi pour la maison de Bourgogne était prêt à

[1] Preuves de l'Histoire de Bourgogne.

se conclure. Artus de Bretagne., comte de Richemont, avait été fait prisonnier à la bataille d'Azincourt. Il était depuis six ans en Angleterre, lorsque son frère le duc de Bretagne fut enlevé et fait traîtreusement prisonnier par le comte de Penthièvre de la maison de Blois. La duchesse, les barons et les États de Bretagne envoyèrent une ambassade au roi d'Angleterre, et le requirent de leur prêter M. de Richemont pour commander les Bretons et délivrer son frère ; s'obligeant à le rendre après mort ou vif, ou bien de payer une forte somme d'argent [1]. Le roi Henri tenait alors le siége devant Melun ; il fit venir M. de Richemont, qui y trouva aussi le duc de Bourgogne, avec lequel il fut bientôt grand ami. Sans doute il eût obtenu ce que les Bretons demandaient ; mais leur duc ayant été remis en liberté, le motif qu'ils faisaient valoir pour M. de Richemont n'existait plus. Il lui fut néanmoins accordé de tenir prison sur parole en Normandie, sous la garde du comte de Suffolk. Il garda sa foi, malgré les propositions

[1] Mémoires de Richemont.

et les instances des Bretons qui voulaient, pour sauver son honneur, l'enlever de force. Depuis il retourna auprès du roi d'Angleterre, au siége de Meaux, et l'amitié mutuelle du duc Philippe et de lui s'augmenta à mesure qu'ils se connaissaient mieux l'un l'autre. Les conseillers de Bourgogne et les principaux serviteurs du Duc prirent aussi une haute estime pour lui. Dès lors il forma le projet d'appartenir de plus près à cette noble maison, et pria le Duc de lui donner une de ses sœurs en mariage : « J'en serais très-joyeux, » repartit le Duc; j'en ai trois à marier, et » de deux je me fais fort de vous donner à » choisir; mais pour madame de Guyenne, » qui a été la femme du dauphin Louis, je ne » puis en répondre ; il faut son consentement. » Quant à madame Anne et à madame Agnès, » cela se peut faire; et même, bien que la » dernière soit promise à M. de Clermont à » peine de cent mille écus, ce ne me serait » pas un empêchement. » Le comte de Richemont répondit que c'était précisément madame de Guyenne qu'il voulait avoir. Le duc de Bourgogne promit de s'y employer.

En effet il se rendit à Dijon, et tout aussitôt en parla à sa sœur, lui disant qu'elle serait parfaitement heureuse avec un si noble prince, et que toute la noblesse et les États de Bretagne désiraient vivement ce mariage et l'alliance des deux maisons. Madame de Guyenne assembla son conseil, puis répondit qu'elle ne pouvait épouser un prisonnier; mais que, si le roi d'Angleterre délivrait M. de Richemont, elle pourrait écouter les conseils de ses amis.

Les choses en étaient là, quand mourut le roi Henri. Dès lors le comte de Richemont se regarda comme libre, et poursuivit son mariage avec plus d'empressement que jamais. Tout fut bientôt à peu près conclu, et vers la fin de décembre les États de Bretagne se chargèrent de se rendre auprès du régent anglais et du duc de Bourgogne pour terminer cet heureux mariage, pour travailler, de concert avec le légat du pape, à rétablir la paix si nécessaire au malheureux royaume de France, et pour contracter toutes alliances avec le duc de Bourgogne. Les États supplièrent en même temps leur duc de ne point s'éloigner de son pays, et de confier la négociation de toutes ces grandes affaires à son frère de Richemont. Lui-même se sentait une grande répugnance à venir à cette entrevue; et montrait une méfiance extrême. Mais le duc de Bedford et le duc de Bourgogne insistèrent pour que le duc de Bretagne vînt en personne aux conférences qu'ils avaient assignées à Amiens pour le temps de Pâques 1423; M. de Richemont l'y amena, malgré les remontrances des États[1].

Dans cet intervalle, le régent anglais avait rétabli ses affaires par les armes en même temps que par les traités. Irrité et inquiet de la prise de Meulan, après avoir exercé de grandes rigueurs et pris de sévères précautions contre ceux de Paris qu'on soupçonnait d'être favorables aux Armagnacs[2], il était allé, en personne, avec les meilleurs et les plus illustres chevaliers d'Angleterre, mettre le siége devant cette forteresse. Le conseil du roi Charles VII comprit combien il était important de la con-

---

[1] Mémoires de Richemont. — Titres du château de Nantes.

[2] Journal de Paris.

server, et de ne point abandonner sans secours les braves hommes d'armes qui l'avaient avec tant d'audace surprise aux Anglais. Une armée considérable fut assemblée en Berri; le comte de Buchan, connétable de France, et le vicomte de Narbonne la commandaient. Le roi avait fait remettre l'argent pour la paie des hommes d'armes à Tanneguy Duchâtel, qui était aussi de l'entreprise. A Orléans, Tanneguy exigea encore deux mille francs des habitans pour le même emploi. Cependant lorsque, arrivés déjà à six lieues de Meulan, les gens d'armes demandèrent l'argent qui leur était promis, il ne les voulut point payer. Il s'éleva à ce sujet de grandes querelles entre les chefs. On prétendit, que Tanneguy avait employé toute cette finance à acheter pour lui, à Orléans, des joyaux et de la vaisselle. Ce fut un motif de plus pour augmenter les murmures contre la conduite honteuse et déshonnête des conseillers qui gouvernaient le roi. La discorde étant entre les capitaines, le désordre se mit dans l'armée. Chacun s'en alla sans plus obéir à personne. Les garnisons anglaises de Chartres et de quelques forteresses de la Beauce se mirent à poursuivre ces compagnies dispersées, et tuèrent beaucoup de Français [1].

Lorsque le sire de Graville et les gens de Meulan surent qu'ils étaient ainsi livrés aux Anglais sans être secourus, leur désespoir et leur colère furent tels, qu'ils abattirent la bannière du roi Charles, plantée sur la porte de la ville. Plusieurs gentilshommes montèrent sur la muraille, et, aux yeux des assiégeans, déchirèrent la croix blanche et les enseignes françaises, maudissant hautement ceux qui les avaient ainsi trahis et leur avaient promis en vain du secours. Le traité fut bientôt conclu; ils livrèrent la forteresse munie de tout son armement; ils rendirent les armes et jusqu'à leurs chevaux, se mettant, en toute humilité et obéissance, à la volonté de monseigneur le régent. Pour lui, en l'honneur de Dieu et du saint temps de carême, il leur promit la vie sauve; néanmoins ceux qui précédemment avaient juré le traité de Troyes et fidélité au

[1] Monstrelet. — Manuscrit 10297. — Journal de Paris.

roi d'Angleterre, ceux qui avaient été complices ou consentans à la mort du duc Jean, les Écossais, les Irlandais et les Gallois, enfin les hommes qui avaient aidé les Français à surprendre la ville, furent exceptés, à moins qu'ils ne s'engageassent sous caution de servir, comme hommes liges du roi Henri, contre ses adversaires. Le sire de Graville lui-même prêta ce serment; il donna au régent anglais des nouvelles exactes du roi Charles VII, qu'il avait vu avant de venir attaquer Meulan. Il assura que ce prince était réellement vivant, bien que légèrement blessé par la chute d'un plancher qui s'était écroulé sur lui à La Rochelle[1].

La prise de Meulan détermina plusieurs autres forteresses à se rendre; Marcoussis et Montlhéry furent remises au régent. Pendant le même temps, le sire de Luxembourg avait aussi fait la guerre heureusement sur les marches de Picardie, et s'était emparé de plusieurs châteaux.

L'alliance que les ducs de Bourgogne et de Bedford contractèrent à Amiens avec le duc de

---

[1] Moustrelet.

Bretagne devait leur être surtout d'un grand avantage; ils y décidèrent ce prince avec d'autant plus de facilité, qu'il ne doutait pas que la trahison par laquelle le comte de Penthièvre l'avait emprisonné, tenait à un complot concerté avec le Dauphin. D'ailleurs le comte de Richemont, quelque peu ami des Anglais qu'il pût être, avait une volonté si déterminée de s'allier au duc de Bourgogne, qu'il poussait son frère de ce côté [1]. Le duc de Bedford fournit à la dépense des deux princes de Bretagne pendant leur séjour, et leur fit compter six mille livres [2] pour frais de voyage. Le duc de Bourgogne donna de brillantes fêtes, et le 17 d'avril fut signée une triple alliance où les trois ducs, en considération des mariages qui allaient unir leur lignage, pour le plus grand bien du roi Henri leur seigneur, de ses royaumes de France et d'Angleterre, ainsi que de leurs propres sujets et domaines, jurèrent de vivre entre eux comme frères, parens et bons amis. Ils se promirent en outre que si l'un d'entre eux avait

[1] Mémoires de Richemont.
[2] Histoire de Bretagne. — Monstrelet.

affaire pour garder son honneur ou ses pays, terres et seigneuries, chacun des autres serait tenu de lui fournir cinq cents hommes d'armes ou de trait, et d'en payer la dépense le premier mois ; sauf au requérant à la payer ensuite ; et même un plus grand secours, si le cas l'exigeait. Les trois princes s'engagèrent aussi à s'employer de toute leur puissance, par les meilleures voies possibles, pour soulager le pauvre peuple qui avait tant à souffrir et endurait une telle pauvreté, pour terminer les guerres, pour remettre le royaume en paix et tranquillité, afin qu'à l'avenir Dieu y pût être servi et honoré, et que marchandise et labour pussent y avoir leur cours.

Le lendemain, les ducs de Bourgogne et de Bretagne passèrent entr'eux un traité particulier qui ne semble pas de nature à avoir été connu du duc de Bedford :

« Philippe, duc de Bourgogne, et Jean, duc de Bretagne, etc......, avons promis et octroyé, promettons et octroyons de bonne foi l'un à l'autre, savoir : nous, duc de Bourgogne, au duc de Bretagne, que s'il advenait que, pour honneur et révérence de Dieu, pour pitié et compassion du peuple, nous fissions aucun traité, accord ou pardon à Charles, dauphin de Viennois, pour la mort accomplie en la personne de notre très-redouté seigneur et père, monseigneur le duc de Bourgogne, que Dieu absolve, nous n'entendons par-là aucunement déroger aux alliances et confédérations faites entre ledit duc de Bretagne, notre frère, et nous; en quoi promettons à notredit frère de lui être aidant, secourant et confortant envers ledit Dauphin, envers Olivier de Blois, ses frères et leurs adhérens, et envers tous autres quelconques qui voudraient porter dommage, ennui ou guerre à ses pays, terres ou sujets; et voulons que les alliances et confédérations faites entre lui et nous vaillent, tiennent et sortent leur plein effet; et les promettons et jurons tenir en bonne foi et en parole de prince, nonobstant traité ou accord quelconque, qui se fasse ou se puisse faire entre ledit Dauphin et nous; desquelles alliances la teneur suit; » ici le traité de la veille était rapporté.

« Et pareillement nous, duc de Bretagne, promettons et octroyons à notre frère le duc de Bourgogne que s'il advenait que nous fissions aucun traité, accord ou pardon audit Charles, dauphin de Viennois, pour les supports et soutiens qu'il a accordés à Olivier de Blois, à ses frères et à sa mère, nos ennemis, lors de la prise et détention de notre personne, faite traîtreusement par ledit Olivier et Charles son frère, et aussi lors de la venue de leur frère Jean en notre pays, où il était venu pour nous prendre, ou tuer par guetapens ; attendu que lesdits de Blois ne tendent qu'à notre mort ou destruction, ledit traité ou pardon ne dérogerait en rien aux alliances et confédérations faites avec notre frère de Bourgogne. » Puis le duc de Bretagne répétait les mêmes assurances que lui donnait le duc de Bourgogne.

Dans les pourparlers d'Amiens il fut question, comme on pouvait s'y attendre, de la fuite de madame Jacqueline de Hainaut, du mariage qu'elle avait contracté avec le duc de Glocester, et des droits qu'elle prétendait lui avoir conférés sur son héritage. Le duc de Brabant avait envoyé comme ambassadeurs les sires de Brimeu, de Ligny et de Lannoy. Pour intéresser encore plus le duc de Bourgogne à demander justice de cet affront, le comte Jean de Bavière, mari de la duchesse douairière de Brabant, venait de le déclarer héritier de toutes ses seigneuries. Cependant le régent ne donna point encore de réponse, et promit seulement de traiter cette affaire lorsqu'il serait de retour à Paris.

Le duc de Bourgogne et le comte de Richemont se rendirent ensemble d'Amiens à Arras. Là, ils assistèrent à une joute où Saintraille et Lionel de Vendôme avaient pris le Duc pour juge. Le premier jour ils coururent six lances, et Lionel fut légèrement blessé à la tête; le lendemain ils combattirent à pied, à la hache. Lionel, avec une ardeur extrême et sans reprendre haleine, s'en allait frappant du tranchant de sa hache; Saintraille, plus froid, parait avec le bâton de la sienne. Puis, saisissant son moment, il porta à Lionel plusieurs coups de la pointe de sa hache dans la visière, si bien qu'il finit par la relever, et lui découvrit le visage; l'autre saisit aussitôt de sa main la hache de Saintraille; celui-ci accrocha son casque, et lui égratignait le visage avec son gantelet de fer ; pour lors le Duc fit cesser le combat. On amena les combattans devant lui ; il leur fit promettre de demeurer à jamais bons amis, et les accueillit avec toute sa courtoisie. Le jour d'après il y eut encore, en sa présence, une joute entre le sire Rifflart de Champremi, du parti des Français, et le bâtard de Rebecque ; ce dernier perça de sa lance l'armure de son adversaire, et alors le combat fut arrêté. Après ces nobles passe-temps, Saintraille et les siens retournèrent trouver leur compagnie de gens d'armes qui tenaient la campagne dans le comté de Guise.

Au mois de juin, le duc de Bedford se rendit à Troyes, et là fut célébré en grand appareil son mariage avec madame Anne de Bourgogne. Le duc Philippe, son frère, son oncle le comte Jean de Bavière, et une foule de grands seigneurs bourguignons et anglais, assistèrent à ces solennités, où le régent se plut à égaler la magnificence célèbre de la maison de Bourgogne ; puis il revint à Paris. Chemin faisant, il attaqua et prit la ville de Pont-sur-Seine ; on y entra d'assaut, et la garnison française y fut cruellement mise à mort [1]. Avant de quitter Paris, il avait aussi envoyé assiéger la forteresse d'Orsay. Les assiégés se défendirent vaillamment pendant plusieurs semaines contre les Anglais, les gens de Paris et les paysans de la campagne voisine qu'animaient contre eux tous leurs brigandages; enfin, n'ayant nul espoir de secours, ils se rendirent à discrétion. On mit la corde au cou aux gens des communes qui se trouvaient dans la garnison, et on leur fit traverser Paris tête nue, attachés par couples, comme des chiens. Les gentilshommes n'étaient point liés; mais on les forçait à tenir leur épée par le milieu de la lame, la pointe tournée sur la poitrine [2]. En cet équipage, ils furent amenés sous les fenêtres de l'hôtel des Tournelles, où habitait le duc de Bedford. Quand la jeune duchesse, qui était arrivée un jour ou deux auparavant, vit passer ces pauvres Français qu'on allait envoyer au Châtelet, elle fut émue de si grande pitié, qu'elle supplia son mari en leur faveur; il ne put refuser la prière de sa femme, et

[1] Monstrelet. — Hollinshed.
[2] Journal de Paris.

laissa aller sans condition les gens de la garnison d'Orsay [1].

Cependant le roi, son conseil ni ses capitaines ne perdaient point courage ; la guerre était soutenue avec constance dans le Maine et dans l'Anjou ; en Picardie, messire Jacques de Harcourt défendait la forteresse importante du Crotoy. Une poignée de Français tenait le fort château de Montaigu en Champagne, contre les attaques du comte de Salisbury, gouverneur anglais de Champagne et de Brie; d'autres soutenaient aussi le siége dans Mouzon. Le conseil du roi résolut de secourir ces deux places ; elles importaient par leur situation. En effet, la force des Français était sur les bords de la Loire, à Orléans, à Blois, à Bourges ; pour communiquer avec les garnisons et les compagnies des marches de Picardie, il fallait donc déboucher par Gien, traverser la Bourgogne vers Auxerre, et remonter à travers la Champagne ; c'était aussi sur ce point que le duché de Bourgogne était le plus ouvert et qu'on pouvait le mieux s'y avancer.

[1] Monstrelet.

Ce fut pour assurer cette route de communication que les Français attachèrent un grand prix à s'emparer d'une forteresse assez considérable, nommée Crevant, qui se trouve entre Auxerre et Avallon, sur la rive droite de l'Yonne. Le bâtard de la Baume, qui avait été autrefois Bourguignon, l'avait surprise [1]; mais le sire de Chastellux et quelques autres gentilshommes de Bourgogne étaient aussitôt accourus avant que les Français fussent en force dans Crevant; et lorsque Tanneguy Duchâtel arriva de Champagne, se retirant devant le comte de Suffolk, il trouva la place déjà reprise par les Bourguignons résolus à se bien défendre. L'armée du roi était à Gien. Jean Stuart, connétable des Écossais, venait d'arriver avec trois mille des siens; le maréchal de Severac commandait trois fois autant de Français; il y avait aussi beaucoup de Lombards, d'Aragonais, de Gascons. Toute cette armée se porta, sans perdre de temps, à Crevant pour l'emporter. Le sire de Chastellux envoya aussitôt annoncer à la

[1] Chronique de Berri. — Monstrelet. — Hollinshed. — Histoire de Bourgogne.

Duchesse douairière le péril où il se trouvait. Déjà elle s'était occupée de la défense de la province; les États du duché et de la comté avaient été rassemblés et avaient donné des subsides. Elle rappela sur-le-champ le chancelier Raulin, qui était allé à Châlons présider pour le Duc à une joute entre deux chevaliers. Des lettres furent expédiées à tous les bailliages pour mander les vassaux; Jean de Toulongeon, maréchal de Bourgogne, fut chargé de les commander; le lieu pour s'assembler fut fixé entre Montbar et Avallon [1].

Cependant la Duchesse avait écrit aussi au duc de Bedford, et les Anglais, au nombre d'environ six mille, sous les ordres du comte de Suffolk, s'avancèrent jusqu'à Auxerre, où ils se rejoignirent aux Bourguignons qui leur firent bien grand accueil [2].

Les capitaines des deux nations tinrent conseil dans la cathédrale. Crévant était serré de près; le sire de Chastellux et ses braves compagnons se trouvaient réduits aux dernières

---

[1] Histoire de Bourgogne.
[2] Monstrelet. — Hollinshed.

extrémités de la famine ; il fut résolu d'aller les secourir sans tarder ; tout fut réglé dans le plus grand ordre pour la bataille.

Il était à craindre qu'il ne s'émût quelque discorde, quelque querelle entre Bourguignons et Anglais ; il fut donc arrêté que tout homme qui troublerait le bon accord et la paix serait puni à la discrétion des capitaines ; on nomma deux maréchaux, l'un Bourguignon, le sire de Vergy, l'autre Anglais, sir Gilbert Halsall, pour surveiller chacune des deux armées. Soixante archers et soixante hommes d'armes de chaque nation furent commandés pour marcher à la découverte. Il fut ordonné que dès qu'on serait arrivé au lieu où il faudrait combattre, chacun, sous peine de mort, mettrait pied à terre, et que tous les chevaux seraient ramenés à une demi-lieue en arrière. En effet, depuis le roi Henri V, c'était, chez les Anglais, un honneur de combattre parmi les archers [1] ; et il se mettait toujours un grand nombre des meilleurs hommes d'armes avec ces gens des communes, afin de les rassurer et de les faire

[1] Monstrelet. — Philippe de Comines.

mieux combattre. On enjoignit à chaque archer de se munir d'un pieu aiguisé des deux bouts, pour planter en face de lui, penché vers l'ennemi, comme les Anglais l'avaient pratiqué avec tant d'avantage à Azincourt. Il fut prescrit d'emporter pour deux jours de vivres, et la ville d'Auxerre était chargée d'en envoyer au camp, avec promesse de fidèle paiement. Il était enjoint à chacun de se tenir à son ordre de bataille ; le premier qui serait trouvé hors de son rang devait être mis à mort ; enfin, il était expressément défendu de faire des prisonniers avant que le terrain fût entièrement gagné, et tout homme d'armes qui se refuserait à tuer son prisonnier devait être tué avec lui.

Toutes ces précautions, que chacun trouva bien sages, furent criées et publiées au son des cloches dans la ville. Le lendemain, après avoir entendu dévotement la messe, et bu fraternellement un coup de vin, Anglais et Bourguignons s'en allèrent en belle ordonnance vers l'ennemi. Le premier jour, ils s'arrêtèrent à Vincelles, au bord de la rivière. Le lendemain, ils avancèrent toujours sur la rive gauche de l'Yonne qui les séparait des Français. Ceux-ci, campés sur une colline, défendaient le passage et protégeaient le siége de Crevant. Les Anglais continuèrent à remonter la même rive vers Coulanges-la-Vineuse, pour passer la rivière plus haut. Une partie de l'armée du roi quitta alors sa position afin de s'y opposer. On resta ainsi en présence pendant trois heures; enfin les Anglais et les Bourguignons gagnèrent un pont sur leur droite, et le combat s'engagea rudement. L'effort des Bourguignons se porta sur le maréchal de Severac et sur les Français. On combattait avec vaillance et obstination de part et d'autre; lorsque le sire de Chastellux, se trouvant dégagé, fit une vigoureuse sortie, et attaqua les Français par derrière. Le maréchal de Severac et sa troupe, ne pouvant plus résister, se retirèrent. Le sire de Gamaches, le sire de Fontaine, Saintraille, le comte de Vantadour et beaucoup d'autres chevaliers de France, continuèrent à se défendre avec les Écossais, qui ne montraient pas moins de vaillance; enfin ils succombèrent. Un grand nombre périt glorieusement. Jean Stuart, que les Français nommaient le connétable des Écossais, se rendit au sire de Chastellux. Il avait eu l'œil crevé, de même que le sire de Gamaches, qui fut aussi prisonnier avec Saintraille, Vantadour et quelques autres. Dans leur malheur, ils accusaient avec aigreur le maréchal de Severac de les avoir abandonnés, et d'avoir lâchement pris la fuite.

Après la victoire, les Bourguignons et les Anglais entrèrent à Crevant, où ils remercièrent Dieu ensemble en grande joie et en bon accord. Le sire de Chastellux, qui avait soutenu pendant cinq semaines un siége si glorieux contre toute l'armée française, fut plus que tous comblé de louanges et d'honneurs. Le duc Philippe, en apprenant la bataille de Crevant, lui fit témoigner tout son contentement, et eut soin de le dédommager des pertes qu'il avait faites par d'amples gratifications. Le chapitre d'Auxerre, pour consacrer à jamais ce mémorable fait d'armes [1], institua que l'aîné de la maison de Chastellux serait chanoine honoraire, et pourrait assister aux offices, armé de toutes pièces, avec un surplis par-dessus, et tenant son faucon sur le poing. En outre

[1] Histoire de Bourgogne.

il fonda, pour l'anniversaire de cette bataille, une messe de la Victoire. Le régent anglais ordonna des feux de joie et des réjouissances à Paris.

Le pauvre peuple n'avait pas cœur à de telles fêtes ; il en aurait plutôt pleuré [1]. Il ne lui importait guère qu'on eût tué trois ou quatre mille de ces Armagnacs qu'il avait eus en si grande haine ; car leurs ennemis ne lui avaient pas fait plus de bien. La victoire des Anglais ne pouvait donner sujet de se réjouir à ceux qui supportaient leur rude domination. Il n'y avait à voir en tout cela que des chrétiens s'égorgeant entr'eux ; de plus il était à croire que les uns comme les autres mouraient en péché mortel; en effet, selon le commun dire, tous ces hommes d'armes n'allaient pas tant à la guerre pour l'amour de leurs seigneurs dont ils se targuaient si fort, pour la crainte de Dieu, ni pour aucun motif de charité, que par pure convoitise.

Aussi les Parisiens, nonobstant leur peu d'amour pour les Anglais, ne furent pas plus ré-

---

[1] Journal de Paris.

jouis lorsque, quelques semaines après, ils apprirent que les Français avaient en quelque sorte réparé le désastre de Crevant, en remportant un avantage signalé sur une troupe anglaise commandée par sire Jean de la Poole, frère du duc de Suffolk. Ils revenaient en Normandie chargés d'un immense butin qu'ils avaient fait en Anjou [1]. Jean de Harcourt, comte d'Aumale, rassembla les gentilshommes et les communes de ces provinces, et tomba sur les Anglais près du château de la Gravelle, non loin de Segré en Anjou. La marche de l'ennemi était embarrassée d'un lourd bagage, et de plus de dix mille bœufs qu'ils avaient dérobés dans les campagnes. Cependant il se défendit vaillamment; les archers et les gens de pied se retranchèrent, comme à la coutume, derrière leurs pieux aiguisés; mais les hommes d'armes et les chevaliers français les attaquèrent par le flanc, et bientôt les mirent en désordre. Il en périt près de deux mille. Le sire de la Poole, Thomas Clinton et d'autres capitaines anglais furent pris.

[1] Monstrelet.

Ailleurs la fortune semblait moins favorable aux Français. Le château de Montaigu se rendit au duc de Salisbury, puis il emporta Sézanne. Le duc de Suffolk reprit Mâcon. Le sire Jacques de Harcourt s'engagea à rendre le Crotoy si, à jour marqué, il n'était secouru; et, comme il n'y pouvait guère compter, il s'embarqua avec sa famille, ses serviteurs, ses richesses et tout son monde, pour aller retrouver le roi de France [1]. Il en fut honorablement reçu, et se rendit peu après chez le sire de Parthenay, dont sa femme était unique héritière. Ce seigneur était du parti bourguignon : messire de Harcourt voulut lui persuader de passer au parti du roi; ne pouvant changer son opinion, il donna signal aux hommes d'armes qu'il avait amenés, et saisit le sire de Parthenay, comme prisonnier, au nom du roi. Mais le pont et les portes du château n'étaient point fermés; les habitans de la ville de Parthenay, entendant du bruit, entrèrent aussitôt et défendirent leur seigneur. Dans ce débat, messire de Harcourt et la plupart de

---

[1] Monstrelet.

ses compagnons furent tués; ils périrent ainsi victimes de leur trahison.

Dans cette guerre de compagnies et de forteresses, les succès étaient divers, et sans autre conséquence que le malheur des peuples. Il arrivait parfois que les Anglais gagnaient un château le matin, et qu'à quelques lieues plus loin ils en perdaient deux le soir[1]. C'est ainsi que Ham, Compiègne, Guise et d'autres villes ou lieux fortifiés furent alternativement pris et repris par Jean de Luxembourg et par Saintraille, que le roi Charles VII, après la bataille de Crevant, s'était hâté de racheter à grands deniers, encore qu'il n'en eût guère alors. Mais ce vaillant chevalier, toujours aventureux, fut une troisième fois fait prisonnier dans une sortie au siége de Guise.

C'était avec les chevaliers et seigneurs de Vermandois et de Picardie que messire de Luxembourg faisait infatigablement toutes ses expéditions. Quand ils revenaient chez eux, ils trouvaient leurs villes saccagées, leurs châteaux pillés ou brûlés, leurs domaines dé-

[1] Journal de Paris.

vastés, soit par les uns, soit par les autres. Le sire de Luxembourg était dur et redouté; il écoutait peu leurs plaintes, ou bien leur donnait des assurances vaines. Enfin ils se lassèrent, et firent entr'eux des assemblées, soit pour exposer fortement leurs griefs, soit pour aviser à défendre leurs seigneuries [1]. De zélés serviteurs de la maison de Bourgogne étaient à la tête de ces assemblées, les sires de Longueval, de Mailli, de Saint-Simon, de Maucourt; mais ils s'entendirent mal entre eux. Plusieurs craignirent la colère de Jean de Luxembourg, et se retirèrent de ces pourparlers, si bien que les premiers qui avaient entamé l'affaire se trouvèrent contraints de la pousser plus avant; ils se déclarèrent pour le roi Charles, gardèrent en son nom leurs châteaux ou y appelèrent ses gens. Le régent anglais les fit mettre au ban du royaume, pour avoir rompu le serment qu'ils avaient prêté au roi Henri. Leurs biens furent confisqués, et par la suite il y en eut de mis à mort, quand ils étaient pris [2].

[1] Moustrelet.
[2] Fenin.

Vers ce moment, les affaires du roi de France semblaient, malgré la triste journée de Crevant, ne pas être en si déplorable situation. Il lui était né le 4 juillet, à Bourges, un fils qui fut depuis le roi Louis XI. On avait alors si peu de finances, qu'on fut contraint à demander du temps au chapelain pour lui payer le rachat des vases d'argent qui avaient servi au baptême, et auxquels il avait droit par la coutume. Cependant il y eut de grandes réjouissances : tous les peuples de l'obéissance française célébrèrent cette naissance par des fêtes, et jusqu'à Tournay, ville du domaine royal, située au milieu de la Flandre et de la domination de Bourgogne, les habitans se réjouissaient, criant: Noël [1].

Ce qui nuisait peut-être le plus à la cause du roi, c'est qu'on disait beaucoup de mal des gens qui formaient son conseil et qui le gouvernaient. Tanneguy, le président de Provence, Guillaume d'Avaugour, Robert-le-Masson, étaient peu estimés dans un parti comme dans l'autre. Quoi qu'on pût leur reprocher, ils

[1] Monstrelet.

n'en montraient pas moins en ce moment une grande constance et une merveilleuse résolution; sans cesse ils sayaient former de nouvelles compagnies armées, et opposer partout résistance et même attaque aux Bourguignons et aux Anglais [1]. Ils venaient d'obtenir un renfort de cinq cents lances et de mille archers du duc de Milan. En arrivant à Lyon, cette troupe, conduite par le bailli Imbert de Grollée, s'était portée en diligence au château de la Bussière, près de Mâcon, le jour même où le sire de Toulongeon, maréchal de Bourgogne, devait y entrer; car le gouverneur avait rendu la place pour ce terme, s'il ne lui arrivait pas secours. Selon l'usage, le maréchal, au jour prescrit, mit sa troupe en bataille pour tenir journée et attendre ceux qui se présenteraient au secours de la forteresse. Tout à coup les Lombards et les Lyonnais tombèrent sur sa troupe; elle fut taillée en pièces, et il fut fait prisonnier [2].

[1] Chartier.
[2] Histoire de Bourgogne.

Le conseil de Bourgogne s'occupa aussitôt de pourvoir à la sûreté du duché. On convoqua des hommes d'armes; Antoine de Toulongeon fut chargé de l'office de maréchal, au lieu de son frère prisonnier; un nommé Perrin Grasset, aventurier et chef de compagnie, fut envoyé dans le Charolais, et tarda peu à surprendre la ville de la Charité, qui était si importante pour les Français à qui elle assurait le passage de la Loire.

Mais le roi espérait pouvoir bientôt porter de plus grands coups; il recevait d'Écosse des renforts considérables, et n'épargnait rien pour animer et récompenser le zèle des seigneurs de ce pays-là. Déjà le comte de Buchan avait été fait connétable de France; Jean Stuart, qui avait été pris à Crevant, puis échangé contre sir Jean de la Poole, fut fait comte d'Aubigny, et peu après de Dreux. Le comte Douglas, qui amenait d'Écosse quatre ou cinq mille hommes d'armes, fut créé duc de Touraine, et lieutenant-général de tout le royaume pour le fait de la guerre, au grand murmure des seigneurs de France.

Ainsi la guerre se préparait à devenir plus vive et plus forte. Le duc de Bourgogne était pour lors en Flandre; une aventure bizarre l'avait contraint à se rendre à Gand [1]. Une femme s'y était présentée sous le nom de madame Marguerite duchesse de Guyenne, sa sœur, qui allait épouser le comte de Richemont. Elle avait si bien su ménager les apparences, qu'on lui avait rendu toutes sortes d'honneurs; il se trouva enfin que c'était une religieuse échappée de son couvent à Cologne; elle fut remise à l'évêque, qui la fit ramener à son abbaye.

Vers la fin d'août, le Duc et le comte de Richemont, qui ne l'avait point quitté depuis les conférences d'Amiens arrivèrent à Paris. Le régent anglais les reçut avec grande pompe; quant au peuple, il n'avait plus de goût ni d'empressement pour aucun de tous ces princes; seulement il se plaignait des désordres et de la mauvaise discipline de leur suite, blâmait leurs profusions, qui faisaient enchérir les vivres, déjà si rares, et détestait les magistrats

[1] Histoire de Bourgogne.

qui, au lieu de leur dire la vérité, ne tâchaient qu'à leur complaire [1].

Le Duc profita de la bonne volonté du duc de Bedford pour se faire payer ce qui lui était dû sur la dot de madame Michelle de France; l'affaire fut discutée dans le conseil, et, après beaucoup de difficultés, il obtint les villes de Péronne, Roye et Montdidier, une pension de deux mille francs sur Montreuil, le château d'Andrevic, et le péage de Saint-Jean de Losne.

Le duc Philippe n'eut pas un succès aussi prompt dans l'affaire du duc de Brabant et du duc de Glocester; le régent tâchait toujours de gagner du temps; cependant il proposa au duc de Bourgogne de se faire agréer tous deux pour arbitres par les parties; on en écrivit au duc de Glocester, mais il ne se pressa point d'envoyer sa réponse.

Après un séjour de deux semaines, le Duc quitta Paris avec le comte de Richemont, et s'achemina vers la Bourgogne. De ville en ville, selon sa coutume et celle de tous les princes

[1] Journal de Paris.

chrétiens, il s'arrêtait pour visiter les églises, entendre dévotement les saints offices, dire ses prières, faire des offrandes. L'anniversaire de la funeste mort de son père se trouva durant ce voyage, et il le solennisa, comme jamais il n'y manquait. Au monastère de Saint-Seine, il déposa ses éperons sur les reliques des saints, puis les racheta par d'autres libéralités [1].

Peu après son arrivée à Dijon, se célébra enfin le mariage du comte de Richemont et de la duchesse de Guyenne; elle voulut garder ce nom qu'elle avait porté lorsqu'elle était femme du dauphin de France. Les magnificences de la noce furent grandes; les fêtes durèrent plus d'un mois. Elles étaient à peu près terminées, lorsqu'arrivèrent des ambassadeurs du duc de Savoie. Ce prince s'occupait toujours de rétablir la paix; il avait eu du roi de France de meilleures paroles que l'année précédente. Maintenant, sous prétexte de traiter des affaires de Bourgogne et de Savoie, il demanda une entrevue à son neveu le duc Philippe. Les ambassadeurs trouvèrent à cette cour le comte

[1] Histoire de Bourgogne.

de Richemont, qui était porté de bonne volonté pour la France; le chancelier de Bourgogne, maître Nicolas Raulin, qui avait toute la confiance de son maître, avait aussi le cœur français. Grâce à eux, le duc Philippe accueillit fort bien l'ambassade, et envoya aussitôt le sire de Saint-George avec d'autres officiers de sa maison, proposer une entrevue à Châlons pour le 1ᵉʳ. décembre.

Il s'y rendit en effet. D'abord il fut traité de quelques difficultés concernant la limite des deux états. La guerre donnait lieu aussi à de continuelles plaintes; le commerce ne pouvait plus se faire avec sûreté; il y avait sans cesse des marchands dévalisés sur les routes. Un autre objet occupa les deux princes : ils pensèrent à faciliter le négoce, en frappant, dans les pays de leur domination, des monnaies du même poids, du même titre et de même valeur. Quand les monnaies d'un état n'avaient pas cours dans un autre, comme cela arrivait presque toujours, tant les princes en faisaient varier la valeur selon leur volonté, les mar-

---

[1] 1424-1423. (v. s.) L'année commença le 27 avril

chands étaient obligés d'acheter des lingots d'or pour s'en aller faire leurs achats; ils en revendaient d'autant plus cher leurs marchandises. D'ailleurs, en recherchant ainsi l'or pour l'emporter, ils en élevaient la valeur, puis les princes prenaient cette cause ou ce prétexte pour changer la valeur de leurs monnaies. Il était difficile que ce fût la Bourgogne qui se mît au taux de la Savoie, parce qu'alors sa monnaie n'aurait plus eu cours en France. De plus, les conseillers remarquaient qu'il fallait que le marc d'argent et la valeur du poids des écus fussent fixés au même taux par les deux princes, avec des peines sévères contre les transgresseurs; enfin, disait-on, il deviendrait par-là indispensable que jamais aucun changement eût lieu dans les monnaies d'un état, sans que l'autre en fût prévenu au moins deux mois d'avance; ainsi l'affaire ne put s'arranger [1].

Le duc de Savoie parla ensuite de la paix, qui semblait être sa pensée principale; il trouva son neveu irrité contre le roi de France. Il avait

[1] Preuves de l'Histoire de Bourgogne.

paru au duc Philippe et peut-être avec raison, que presque tous les efforts de la guerre avaient été dirigés contre la Bourgogne; d'ailleurs, pour se montrer fidèle aux Anglais, le duc de Bourgogne avait écrit au duc de Bedford qu'il n'entendrait à rien qui pût porter préjudice aux intérêts du roi d'Angleterre, et qu'il ne prendrait nul arrangement sans le lui avoir auparavant communiqué.

Cependant une trêve fut prononcée par le duc de Savoie, pour les pays de Lyonnais, Bourgogne et Charolais, et aussi pour le comté de Nevers et le Berri; quant au Beaujolais, la duchesse de Bourbon l'avait constamment maintenu en paix avec la Bourgogne, et les traités avaient été plus d'une fois renouvelés [1].

De retour en ses États, le duc de Savoie fit publier les conditions qu'il avait proposées pour arriver à la conclusion de la paix. Il eût voulu que le roi de France se rendît à Lyon avec son conseil, tandis que le duc de Bourgogne aurait été avec le sien à Châlons; tout le pays situé entre ces deux villes aurait été libre

---

[1] Preuves de l'Histoire de Bourgogne.

de gens de guerre, et Mâcon, Tournus et Charlieu auraient été remis en dépôt à lui duc de Savoie.

Ces propositions n'eurent pas de suite, non plus que les efforts du cardinal de Sainte-Croix, légat du pape, à qui cependant l'Angleterre accorda pouvoir de commencer des négociations avec la France.

Le duc Philippe, après avoir convoqué les trois États du duché et de la comté pour en obtenir un subside, se préparait à retourner à Paris et en Flandre, lorsqu'il apprit que sa mère était mourante. Il quitta sur-le-champ Montbar où il était, avec le comte de Richemont. Quelle que fût leur diligence, ils ne purent revoir leur mère. Les peuples de Bourgogne donnèrent de grands regrets à cette princesse ; au milieu de ces temps malheureux, elle avait toujours veillé à leur bien et à leur repos, s'était occupée d'écarter d'eux les maux de la guerre, avait été économe, ne les avait point, pour son compte du moins, surchargés d'impôts, et avait toujours fait payer fidèlement la solde des hommes d'armes, les empêchant ainsi de rançonner les campagnes.

Sa mort accroissait les domaines et les richesses du duc Philippe. Après avoir réglé quelques affaires, il partit pour Paris avec le comte de Richemont. A peine s'était-il éloigné, qu'on découvrit le secret d'une attaque imprévue, que les partisans du roi allaient faire sur la Bourgogne, nonobstant la trêve de Châlons. Leur espoir se fondait sur les intelligences qu'ils avaient dans le pays. Le bâtard de la Baume, étant tombé entre les mains d'une compagnie anglaise, confessa toute l'affaire. Elle avait surtout été conduite par une fille bâtarde que le feu roi Charles VI avait eue, durant sa maladie, d'Odette de Champdivers; elle habitait en Bourgogne, d'où était sa mère, et le Duc lui faisait même une pension. On la mit en prison, ainsi qu'un religieux cordelier et un marchand de Genève, ses principaux complices [1].

Cette tentative éloigna encore plus les idées de paix; les ducs de Bedford et de Bourgogne ne s'occupèrent qu'à pousser la guerre avec activité. Le comte de Richemont demanda que

---

[1] Histoire de Bourgogne et Preuves.

le commandement d'une armée lui fût confié ; mais le régent se méfiant, ou de son habileté ou de sa foi, ne voulut point y consentir ; il ajouta même que le comte de Richemont, n'ayant pas combattu depuis Azincourt, avait pu oublier la guerre [1]. Ce refus offensa mortellement le comte ; les faveurs par où les Anglais avaient voulu se l'attacher, le don du comté d'Ivry, la promesse d'une forte pension, ne calmèrent point son ressentiment ; il se retira en Bretagne, et pour dérober sa marche aux Anglais, il s'embarqua dans un port de Flandre, tandis que tous ses serviteurs traversaient la Normandie, annonçant qu'il allait passer.

C'était un motif de plus pour ménager le duc Philippe ; rien ne lui était refusé ; les comtés d'Auxerre et de Mâcon, ainsi que la châtellenie de Bar-sur-Seine, lui furent concédés en compensation des sommes qu'il prétendait être dues tant à lui qu'à ses prédécesseurs, et un délai de deux ans lui fut accordé pour justifier de ses créances.

[1] Histoire de Bourgogne et Preuves.

Il partit de Paris pour ses États de Flandre ; là, sur la proposition et les instances de son conseil et de ses parens le duc de Brabant et le comte Jean de Bavière, il se résolut à épouser la veuve de son oncle, le comte de Nevers, qui avait péri à la journée d'Azincourt ; c'était Bonne d'Artois, fille du comte d'Eu, connétable de France, mort à la bataille de Nicopolis, et petite-fille du duc de Berri. Une ambassade, chargée de riches présens, partit pour solliciter du pape les dispenses nécessaires. Le souverain pontife fut aussi chargé d'un commun accord, par les ducs de Bedford et de Bourgogne, de prononcer sur le différent soumis à leur arbitrage au sujet du double mariage de Jacqueline de Brabant ; c'est ce qui fut arrêté lorsque le Duc traversa Paris pour retourner dans son duché de Bourgogne. Il obtint encore de nouvelles marques de faveur ; entre autres, il fit obtenir au sire de Chastellux une riche part dans des confiscations faites sur le cardinal de Bar et d'autres partisans du roi[1].

Le duc de Bedford et le duc de Bourgogne

---

[1] Histoire de Bourgogne.

quittèrent Paris à peu près en même temps ; le premier, pour conduire son armée contre les forces redoutables que le comte Douglas avait assemblées sur les marches du Perche et de la Normandie ; le second, pour assembler les hommes d'armes de Bourgogne, et pousser la guerre avec vigueur ; mais, avant de s'être mis en campagne, il apprit la terrible victoire que les Anglais venaient de remporter à Verneuil le 17 août [1].

Toute l'espérance du roi Charles se trouvait dans cette armée ; les Écossais, les Lombards, les meilleurs chevaliers du royaume étaient réunis. Il en fut comme à l'ordinaire ; la discorde se mit entre les chefs. On vit éclater plus que jamais la haine que les gentilshommes de France avaient conçue contre les Écossais, qui venaient avec orgueil et convoitise exiger du roi de France les emplois, les seigneuries, l'argent et toutes les récompenses.

Le comte Douglas et les Écossais furent d'abord d'avis d'avoir bataille avec les Anglais ;

[1] Monstrelet. — Chartier. — Berri. — Hollinshed. — St.-Remi. — Fenin. — Amelgard.

telle n'était point l'idée du vicomte de Narbonne, du comte d'Aumale et des vieux capitaines français ; ils préféraient faire des siéges, et mettre de fortes garnisons dans les forteresses dont on pourrait s'emparer. Ils venaient cependant de perdre celle d'Ivry, que le duc de Bedford était venu assiéger, et que l'armée du roi avait promis de délivrer ; elle avança presque jusqu'à la vue de la garnison ; mais, trouvant les Anglais en bonne position, elle se retira. Pour lors le gouverneur, Gérard de la Pallière, qui s'était engagé à se rendre s'il n'était pas secouru, vint porter les clefs au duc de Bedford : « Voici, dit-il, lui » montrant une lettre qu'il tenait à la main, » la signature de dix-huit des plus grands sei- » gneurs du royaume, qui m'ont manqué de » parole. »

Pendant ce temps-là les Français se dirigeaient sur Verneuil. Pour s'en emparer, ils imaginèrent d'assurer à la garnison qu'ils venaient de remporter une victoire signalée sur l'armée anglaise : « Voyez nos prisonniers, » disaient-ils, montrant quelques Écossais qu'ils avaient attachés à la queue de leurs chevaux ;

et qui semblaient être blessés et tout sanglans :
« Ah ! triste journée ! » criaient en anglais les
soldats écossais. La garnison se laissa duper et
rendit la forteresse.

Le duc de Bedford avait suivi l'armée de
France, et s'avança sous les murs de Verneuil.
Il envoya un héraut au comte Douglas, le faisant prier de s'arrêter, et qu'il serait bien aise
de boire un coup avec lui : « Dis à ton maître,
» répondit le lieutenant-général, que, ne le
» trouvant pas en Angleterre, je viens exprès
» du royaume d'Ecosse pour le rencontrer en
» France; qu'il se hâte, je l'attends; et, en
» attendant que nous buvions ensemble, rapporte-lui que j'ai fait faire bonne chère à son
» héraut. »

On s'apprêta au combat; les Français mirent
pied à terre, et laissèrent leurs chevaux et les
bagages dans la ville; seulement deux mille
hommes d'armes, les uns lombards, les autres français, sous les ordres de la Hire et de
Saintraille, furent chargés d'aller attaquer les
Anglais par derrière.

Le duc de Bedford mit aussi tout son monde
à pied, et garnit le front et les flancs de son

son armée d'archers retranchés derrière leurs épieux; les chevaux et les bagages furent placés par derrière, sous la garde de deux mille archers. Le régent parla ensuite aux Anglais; il leur rappela leurs anciennes victoires, et la glorieuse conquête qu'ils venaient de faire du royaume de France; il leur dit qu'il était temps de rabattre l'orgueil du Dauphin et de ses partisans, et que s'ils laissaient s'allumer le feu, l'incendie ne pourrait plus s'éteindre.

Le conseil du roi de France n'avait pas voulu qu'il fût de sa personne à cette bataille; tout eût été perdu avec lui, et il était sage d'en agir ainsi. Toutefois cette prudence faisait dire que ce prince n'aimait pas tant la guerre que les rois ses pères; sans douter de son courage, on croyait qu'il aimait mieux le repos et la paix. Le duc d'Alençon était le seul prince de la maison de France qui fût présent; il s'adressa aux Français : il les exhorta à se conduire en gens de cœur, et leur rappela qu'il s'agissait de savoir s'ils s'affranchiraient de la plus honteuse servitude, ou subiraient pour toujours le joug des anciens ennemis du royaume.

L'ardeur était extrême. Bientôt, contre la volonté du comte Douglas, qui voulait attendre l'attaque, et non la commencer, le vicomte de Narbonne, à la tête de ses gens, marcha sur les Anglais, aux cris de « Montjoye! Saint-Denis! » Il fallut suivre un mouvement qui n'avait point été prévu. Lorsqu'on arriva devant l'ennemi, déjà l'on était lassé, déjà l'armée n'était plus en bon ordre. Les Anglais reçurent le choc en criant d'une voix terrible, selon leur coutume : « Saint-George à Bedford! » De part et d'autre il n'y avait ni avant-garde ni réserve ; toute l'armée donnait à la fois. La bataille fut rude. Pendant plus de trois heures l'avantage ne se déclara pour aucune des deux armées ; mais les Lombards, pendant ce temps-là, ayant passé derrière les Anglais, tombèrent sur les bagages. Ils y furent vigoureusement reçus par les deux mille archers ; cependant ils parvinrent à jeter le désordre parmi les pages et les valets qui gardaient les chevaux. Ce fut la perte des Français ; les cavaliers lombards se mirent à piller ; et, pour mettre à couvert leur butin et les chevaux dont ils se saisissaient, ils laissèrent le champ de bataille, comme si tout combat eût été terminé. Alors les deux mille archers, libres de l'attaque, se portèrent au secours du corps d'armée. Ils arrivèrent comme une réserve de troupes fraîches. Les Français ne purent résister à ce nouvel effort; la bataille fut perdue, malgré les prodiges de valeur des chevaliers de France et d'Écosse, qui vendirent chèrement la victoire aux Anglais. Le comte Douglas, messire Jacques son fils, le comte de Buchan, et beaucoup d'autres Écossais, furent tués. La perte fut plus grande encore parmi les Français, et ce jour fut presque aussi funeste à la noblesse que Crecy, Poitiers ou Azincourt; Jean de Harcourt, comte d'Aumale, le comte de Tonnerre, le comte de Vantadour, le sire de Roche-Baron, le sire de Gamaches, et une foule de vaillans chevaliers, périrent dans la bataille. Le corps du vicomte de Narbonne fut reconnu parmi les morts; on lui trancha la tête, et son corps fut suspendu à un gibet, parce qu'il avait été un des meurtriers du duc Jean. Le duc d'Alençon, le maréchal de la Fayette, et plusieurs autres, furent faits prisonniers. Le sire de Maucourt et le sire Charles de Longueval, qui avaient, ainsi que nous l'avons dit, laissé le parti anglais, ayant été pris, furent décapités, ainsi que quelques chevaliers de Normandie, qui, la veille de la bataille, avaient passé avec les Français.

Verneuil, où s'était enfermé le sire de Rambures, ne put résister; le duc de Bedford accorda à la garnison la permission d'emmener ses chevaux et de se retirer en Berri; mais les Anglais, dont les Lombards avaient pillé les chevaux, ne voulaient pas reconnaître cette condition; il fallut que le comte de Salisbury tuât de sa main deux ou trois de ses gens, pour faire rentrer les autres dans le devoir.

Le duc de Bedford revint tout aussitôt à Paris; le bruit y avait couru qu'il avait été défait; une conspiration avait été découverte: elle fut sévèrement punie, et la ville, en réjouissance de la bataille de Verneuil, donna de superbes fêtes au régent.

LIVRE SECOND.

Guerres du Hainaut et de Hollande contre madame Jacqueline et le duc de Glocester. — Tentatives pour faire la paix entre la France et la Bourgogne. — Le connétable se rend maître des conseils du roi. — Meurtre du sire de Giac. — Siége d'Orléans. — Jeanne d'Arc se présente au roi. — Délivrance d'Orléans. — Bataille de Patai.

Jamais la cause du roi Charles n'avait paru en si mauvais point ; ce fut surtout alors que les Anglais, par raillerie, le nommèrent le roi de Bourges, ou le comte de Ponthieu. Une seule chose consolait les seigneurs de France de la journée de Verneuil, c'est que les Écossais y avaient été exterminés. Ils disaient que la France était heureuse de se voir délivrée de ces alliés insolens et barbares : que, s'ils eussent gagné la victoire, ils se seraient trouvés maîtres de tout, et que leur projet était de s'emparer des seigneuries, des manoirs et même des femmes de tous les gentilshommes d'Anjou et de Touraine [1].

Aussitôt après cette malheureuse bataille de Verneuil, des ambassadeurs furent envoyés au duc de Savoie, pour l'engager à reprendre les négociations avec le duc de Bourgogne. Ce prince s'était empressé de mettre à profit le premier bruit de ce désastre. Il se présenta devant les forteresses de Tournus, de la Bussière et de la Roche-Solutry. Elles ne firent nulle résistance. Le Duc, ayant ainsi entre ses mains toutes les places qui assuraient ses frontières, se prêta volontiers à une trêve de cinq mois, que ses ambassadeurs signèrent avec ceux du roi, le 28 septembre, à Chambéry. Le duc de Savoie, outre la volonté qu'il pouvait avoir de rétablir la paix, trouvait toujours un grand avantage à éloigner les gens de guerre des pays où ses sujets faisaient un commerce journalier [2].

Le duc Philippe se rendit ensuite à Paris. Le duc de Glocester et sa femme Jacqueline

[1] Amelgard.
[2] Histoire de Bourgogne et Preuves.

de Hainaut venaient de débarquer à Calais avec cinq ou six mille Anglais. On commençait, dans le pays de Flandre, à craindre une guerre dont on voyait tous les apprêts. Cependant le Duc se fia aux paroles du régent anglais, qui lui semblaient sincères; des ambassadeurs furent envoyés au duc de Glocester pour lui porter la sentence qui, après beaucoup de délibérations, avait été réglée par les deux arbitres. En attendant sa réponse, le duc de Bedford faisait à son beau-frère de Bourgogne plus grand accueil que jamais. Ce n'était que fêtes, réjouissances, tournois, festins et danses, dont le malheureux peuple de Paris murmurait fort [1]. Il y eut même une sorte de sédition que le duc de Bourgogne s'employa à apaiser [2]. Pour avoir une occasion de plus de se divertir, les deux cours célébrèrent avec une grande solennité le mariage du sire Jean de la Trémoille et de la demoiselle de Roche-Baron. Le duc Philippe brillait au milieu de tous les seigneurs et chevaliers par sa courtoisie, sa

---

[1] Journal de Paris.
[2] Histoire de Bourgogne.

bonne grâce aux joutes, à la danse et à toutes sortes d'exercices. Il engagea même son beau-frère le régent à paraître dans un tournoi, ce qui jamais ne lui était encore arrivé. C'était surtout aux dames que le duc de Bourgogne s'empressait de plaire; nul n'était plus amoureux et plus galant. La comtesse de Salisbury était pour lors la plus belle des nobles dames d'Angleterre qui étaient venues à Paris. Le Duc lui montra un grand amour, et s'efforça de gagner ses bonnes grâces. Ce fut un sujet de jalousie pour le comte de Salisbury, et un motif de plus pour faire naître la malveillance entre le duc de Bourgogne et les Anglais [1].

Il n'y avait point des divertissemens pour les seigneurs seulement; le peuple avait aussi les siens. Durant six mois, depuis le mois d'août jusqu'au carême, on représenta au cimetière des Innocens la *Danse des Morts*, qu'on nommait aussi *Danse Macabrée*. Les Anglais surtout s'y plaisaient, dit-on; c'était des scènes entre gens de tout état et de toutes professions,

[1] Fenin.

où, par grande moralité, la Mort faisait toujours le personnage principal.

Après toutes ces fêtes, le Duc, qui venait d'avoir des dispenses de Rome, se hâta de célébrer son mariage avec la comtesse de Nevers; la cérémonie se fit à Moulins-en-Gilbert, dans la comté de Nevers. Le comte de Richemont s'y était rendu. Son voyage était une chose importante dans les affaires de France. Lorsqu'il fut revenu en Bretagne, mécontent des Anglais, qu'il n'avait jamais aimés réellement, le conseil du roi essaya bientôt de le mettre du parti de la France. Le président de Provence, Tanneguy Duchâtel, la reine de Sicile vinrent, les uns après les autres, lui faire des propositions. Mais le comte de Richemont n'avait aucune confiance dans les conseillers du roi. Il se défiait surtout du président de Provence, qui passait pour le principal auteur de la détention du duc de Bretagne. Cependant les seigneurs bretons et les États de la province désiraient la paix, et avaient comme toujours le cœur plus français qu'anglais.

Il fut donc résolu de donner suite à ces pourparlers; toutefois le comte de Richemont déclara qu'il ne ferait rien sans consulter le duc de Bourgogne. Il lui envoya d'abord deux de ses conseillers. Bientôt après, l'office de connétable étant devenu vacant par la mort du comte de Buchan, le conseil de France le fit offrir à messire de Richemont. Pour lors il consentit à avoir une entrevue à Angers avec le roi. Il y arriva entouré des principaux seigneurs de Bretagne; le roi lui fit un grand accueil. Le comte se réserva d'obtenir le consentement des ducs de Bourgogne et de Savoie; en attendant, il exigea pour otages le bâtard de Dunois et le sire d'Albret, et pour places de sûreté, Lusignan, Loches, Chinon et Meung-sur-Yèvres; puis il partit pour la Bourgogne [1].

Le moment était favorable; car le duc de Glocester, sans écouter en rien les conseils et les instances de son frère, au risque de mettre la discorde entre la Bourgogne et l'Angleterre, s'avançait à main armée vers le Hainaut. Une nouvelle circonstance rendit

[1] Histoire de Bourgogne.

bientôt cette querelle plus grande et plus obstinée. Le comte Jean de Bavière, ancien évêque de Liége, mourut empoisonné, dit-on, par des seigneurs hollandais du parti de sa nièce. Le sire Van-Wlyet fut même décapité comme accusé de ce crime [1]. Le comte fit le duc de Bourgogne son héritier, au préjudice de madame Jacqueline. En outre, la Hollande et la Zélande, dont il avait seulement la jouissance, revenaient à sa nièce. Ainsi il s'agissait de savoir qui disposerait de plusieurs pays vastes, riches et d'un grand commerce. Le duc de Glocester avait, plus que jamais, la volonté de soutenir ses droits.

Le duc de Savoie demanda une nouvelle entrevue au duc Philippe; elle fut fixée à Mâcon. Le comte de Richemont et le comte de Clermont, fils du duc de Bourbon, s'y trouvèrent; le duc de Savoie y amena trois envoyés du roi, l'archevêque de Rheims et les évêques de Chartres et du Puy [2]. Le duc de Bourgogne consentit qu'ils lui fussent

---

[1] Chr. de Hollande.
[2] Mémoires de Richemont. — Histoire de Bretagne.

présentés; il les accueillit avec cette courtoisie que nul n'avait plus que lui; mais à toutes leurs propositions il ne répondit qu'en rappelant le meurtre de son père. Les prélats excusaient doucement le roi sur sa jeunesse, sur les conseillers qui l'avaient entouré : « Hé bien donc, reprit le duc Phi-
» lippe, que ne s'est-il encore défait de ses
» méchans conseillers! » Du reste, il parla avec bienveillance du roi, et protesta du désir qu'il avait de lui rendre service [1]. Il fut impossible d'aller plus loin. Le Duc consentit à ce que le comte de Richemont acceptât l'épée de connétable, prolongea la trêve, et fiança madame Agnès, sa sœur, avec le comte de Clermont.

Cependant il lui fallait songer à défendre le Hainaut contre le duc de Glocester et madame Jacqueline, qui avaient traversé ses propres domaines pour aller porter la guerre au duc de Brabant, son cousin [2]. Ils étaient entrés dans la ville de Mons, qui était la prin-

---

[1] Histoire de Bourgogne.
[2] Monstrelet.

cipale du pays de Hainaut : un fort parti s'était déclaré pour eux, et ils avaient assemblé les trois États. Là, madame Jacqueline exposa comment elle avait accompli son devoir de bonne catholique en quittant le duc de Brabant, dont elle était cousine germaine et marraine, et qui ne pouvait être son mari. Aussi disait-elle que, tant que ce mariage avait duré, elle s'était crue en péché mortel, et qu'elle tremblait comme la feuille toutes les fois que le duc de Brabant entrait en sa chambre [2].

Le duc de Bourgogne publia ses mandemens, et enjoignit à tous ses vassaux de Flandre et d'Artois de prendre les armes sous les ordres des sires de Luxembourg, de Croy et de l'Isle-Adam, afin de s'opposer à l'entreprise du duc de Glocester. Le comte de Saint-Pol, frère du duc de Brabant, fut chargé de commander toute l'armée, et pour lors commença une cruelle guerre, où les Anglais ne ménageaient pas le pays [3].

[1] 1425-1424. (v. s.). L'année commença le 8 avril.
[2] Saint-Remy
[3] Monstrelet.

Dès que le duc de Glocester eut connaissance des lettres patentes du duc de Bourgogne, il lui écrivit à peu près en ces termes:

« Haut et puissant prince, très-cher et très-aimé cousin, nouvelles me sont venues qu'en vos terres et seigneuries on a publié et crié de par vous que toutes gens disposés aux armes soient prêts pour aller à l'encontre de moi, de mes amis, de mes bienveillans et de mes sujets. J'en ai vu autant ou plus dans d'autres lettres, qu'on m'a dit venir aussi de vous; elles viennent en effet, je crois, de votre su et ordonnance. Vous savez assez pourtant ce qu'au temps passé j'ai fait à votre prière, contemplation et requête: comment je m'en suis remis à vous et à mon frère le régent pour apaiser le différent entre mon cousin de Brabant et moi: comment j'ai accepté des journées de jugement; comment j'ai fait faire des offres à mon propre préjudice. Vous savez que, de la part du duc de Brabant, on ne voulut condescendre à rien, ni entendre à aucun traité. Ces lettres pourraient donc être supposées, feintes, et vous pourrez vous en assurer, car je vous en envoie copie; car je ne puis croire que tout ce que j'ai fait soit éloigné de votre bonne mémoire.

» Et si proximité de lignage devait vous émouvoir, ne devriez-vous pas être plus enclin à aider mon parti, puisque ma compagne et épouse est deux fois votre cousine germaine [1]; et mon cousin de Brabant ne vous tient pas autant ?

» En outre, vous y êtes obligé par le traité de paix que nous avons juré ensemble solennellement, et jamais le duc de Brabant ne le jura; mais il a, comme vous savez, des alliances contraires, qui devraient vous émouvoir contre lui [2]. Ce traité n'a jamais été enfreint par moi. Loin de là, je me regarderais comme coupable d'y avoir même pensé, et il me semblerait que rien ne pourrait plus désormais me réussir; je me tiens certain aussi que de votre vie vous ne voudrez rien faire de contraire.

[1] Le duc Jean avait épousé Marguerite de Bavière, fille du comte de Hainaut, et Guillaume de Hainaut son frère avait épousé Marguerite de Bourgogne.

[2] Avec la France.

» D'autre part, vous n'avez pas dû apercevoir qu'avant et depuis que je suis en deçà de la mer, je n'aie pas eu le désir de complaire à vous et aux vôtres : que j'aie fait ou supporté qu'on fît maint grief ou dommage à vous et à vos sujets. J'ai traité vosdits sujets comme miens propres, ainsi que vosdits sujets peuvent vous en donner connaissance. Vous savez aussi, et je vous l'ai écrit, que je ne me suis entremis de demander autre chose, de ce côté de la mer, que ce qui m'appartient à cause de ma compagne votre cousine, et que je compte, avec l'aide de Dieu, garder tant qu'elle vivra; cela est bien suffisant.

» Et s'il a convenu que je fisse quelque chose contre mon cousin de Brabant, vous savez que ce n'est point ma faute; j'y ai été contraint par ses entreprises, pour garder mon honneur et défendre mon pays.

» Je ne puis donc croire, d'après toutes ces choses qui sont assez notoires, que lesdites lettres et publications aient été faites de votre su et de votre parfaite connaissance. Pour ce, très-haut et très-puissant prince, mon très-cher et très-aimé cousin, je vous prie de vouloir bien considérer tout ce que j'ai ci-dessus exposé; et quand il serait vrai, comme on l'assure, que les lettres sont de vous, en y pensant bien, vous prendrez d'autres conseils et serez d'opinion contraire. Si vous voulez faire autrement, Dieu, à qui l'on ne peut rien céler, gardera mon bon droit, et j'en appelle aux sermens que vous avez faits. Faites-moi donc savoir votre intention par le porteur de celle-ci. Avec ce, s'il y a aucune chose que je puisse faire pour vous, je m'y emploierai de bon cœur; le Seigneur le sait, et qu'il vous garde de tous maux. Écrit en ma ville de Mons, le 12 janvier. »

Le duc de Bourgogne examina, dans son conseil, cette lettre du duc de Glocester; puis il y répondit qu'il passait, sans les rappeler ou sans y répondre, sur la plus grande partie des choses qui y étaient contenues : « Car elles ne me font rien ou guère, dit-il, fors ce qui touche mon honneur, que je ne veux souffrir qui soit blâmé et accusé contre le droit et la raison. Pourtant je vous écris que les lettres et publications dont vous parlez procédaient de mon su, et que j'avais commandé qu'elles fussent faites. A quoi j'ai été mû par le refus que vous avez fait d'obtempérer aux articles avisés, après grande délibération du conseil de Paris, par votre frère le régent et moi, et, depuis, présentés à vous pour l'apaisement des contentions et discordes entre mon cousin le duc de Brabant, et vous ; lesquels articles le duc de Brabant, pour mettre Dieu de son côté et complaire à mon beau-frère le régent, avait octroyés et accordés. Mais vous, après votre refus, et sans vouloir attendre la fin du procès pendant en la cour de Rome, vous êtes entré, à puissance d'armes et de guerre, au pays de Hainaut, vous efforçant d'en débouter mon cousin de Brabant, et de lui en ôter la possession. Telles furent les causes de mes lettres, qui sont certaines et véritables, comme vous ne pouvez l'ignorer ni le nier. En cela je n'ai rien donné à entendre contre la vérité et mensongèrement, comme à tort vous me l'imputez, à ce qu'il semble par vos lettres, lesquelles je garde par-devers moi, pour y aviser quand il sera temps. Ce que vous avez fait et vous efforcez de faire à mon cousin de Brabant était déjà assez et trop de déshonneur pour moi, sans vouloir charger mon honneur et ma renommée de ce que je ne voudrais ni ne veux endurer de vous ni de nul autre; et je crois que ceux à qui je tiens et qui me tiennent par le sang, le lignage et l'affinité, que mes loyaux et féaux vassaux et sujets, qui ont servi si grandement et si loyalement messeigneurs mes prédécesseurs et moi, ne le voudraient pas non plus passer ni souffrir. Pour ce, je vous somme et requiers de rétracter de vos lettres ce que vous y dites, que j'ai donné à entendre quelque chose contre la vérité. Si vous ne le voulez, et que vous veuillez maintenir ladite parole, qui peut charger mon honneur et ma renommée, je suis et serai prêt à m'en défendre de mon corps contre le vôtre, et à combattre, avec l'aide de Dieu et de Notre-Dame, en prenant jour convenable, par-devant très-haut, très-excellent et très-puissant prince l'empereur, mon très-cher cousin et seigneur. Et afin que vous et tout le monde voie que je veux abréger cette chose, et garder mon honneur étroitement, si cela vous plaît mieux, je serai content que nous prenions pour juge mon très-cher et très-aimé cousin, votre frère le régent, lequel vous ne pouvez raisonnablement refuser, car c'est un tel prince, qu'à vous, à moi ou à tous autres, il voudra toujours être un droiturier juge. Pour l'honneur et la révérence de Dieu, pour éviter l'effusion du sang chrétien et la destruction du peuple, dont en mon cœur j'ai compassion, il doit mieux convenir à vous et à moi, qui sommes chevaliers adolescens, au cas où vous voudriez maintenir lesdites paroles, de mener cette querelle à fin, corps à corps, sans plus. Autrement maints gentilshommes et autres tant de votre ost que du mien finiraient leurs jours piteusement : laquelle chose me déplairait et devrait vous déplaire aussi, vu que la guerre entre chrétiens doit déplaire à tout prince catholique. Haut et puissant prince, veuillez me faire réponse par vos lettres patentes, ou par le porteur de celles-ci, et le plus tôt que faire se pourra, sans prolonger la chose par écritures; car j'ai désir que cette affaire prenne une prompte conclusion pour mon honneur, et je ne dois pas la laisser et ne la laisserai pas en ce point. Je vous eusse fait plus tôt réponse, n'eussent été plusieurs grandes occupations qui me sont survenues et m'ont retardé. Et afin qu'il vous paraisse que ceci vient de mon su et propre mouvement, j'ai écrit mon nom en ces présentes, et j'y fais mettre mon signet. Écrit le 3 de mars 1424. »

Le duc de Glocester repartit presque aussitôt ; il disait : « Vous parlez du refus que, selon vous, j'ai fait, de vouloir apaiser le discord qui est entre mon cousin le duc de Brabant et moi : cela est moins que vérité ; car mon très-cher et très-aimé frère le régent, tout le conseil de France et vous-même savez ce qui en est ; vous voudriez l'ignorer, que vous ne le pouvez. Quant à ce que vous dites de mes lettres, je vous fais savoir que j'en tiens le contenu pour vrai, et que je veux m'y tenir ; cela est même déjà prouvé par ce que vos gens ont fait, sur votre mandement, dans mon comté de Hainaut ; ainsi, ni pour vous, ni pour tout autre, je n'en rétracterai rien. Au contraire, avec l'aide de Dieu, de Notre-Dame et de monseigneur saint George, je vous ferai, par mon corps contre le vôtre, connaître et confesser que c'est la vérité, par-devant un des juges que vous avez désignés ; car tous deux me sont indifférens. Vous désirez que la chose soit brève, et moi pareillement; ainsi, mon frère étant plus près, je suis content d'accomplir la chose par-devant lui, et je l'accepte pour juge. Vous avez remis le jour à mon choix, et j'assigne le jour de la Saint-George prochaine, ou tout autre à la discrétion de mon frère; s'il plaît à Dieu, je serai prêt et n'y manquerai pas. Mais, comme je ne sais si vous voudrez maintenir votre signature, je vous somme et vous requiers de m'envoyer, par le porteur, d'autres lettres scellées de votre sceau, comme les présentes le sont du mien. Quant audit de Brabant, si vous voulez ou osez dire qu'il ait meilleur droit que moi, je suis prêt de vous faire confesser, par mon corps contre le vôtre, au jour dit, que j'ai le meilleur droit. »

Pendant que ces lettres étaient écrites ou envoyées, le duc Philippe avait quitté la Bourgogne, après avoir, au grand déplaisir des Anglais, célébré à Decize en Nivernais les fiançailles de sa sœur Agnès avec le comte de Clermont. Il avait voulu, à cette occasion, obtenir la délivrance du duc de Bourbon, prisonnier depuis dix ans en Angleterre; mais le duc de Bedford la lui avait refusée. Arrivé à Hesdin, il répondit au duc de Glocester qu'il était content du jour assigné, et du juge choisi par lui, et qu'il enverrait des ambassadeurs pour prier le régent d'accepter ce choix; autrement il faudrait avoir recours à l'empereur. « Quant à ce que mes gens, disait-il, ont fait au pays de Hainaut : quelque chose qu'ils aient fait pour l'honneur ou le profit de mon cousin de Brabant, j'en suis content et joyeux. Vous dites que vous me ferez confesser que vous avez meilleur droit que lui : je vous réponds que, par la sentence de notre saint père le pape, il pourra clairement apparaître qui aura droit ou tort; je ne voudrais pour rien déroger ou désobéir à une telle puissance et autorité; ce n'est pas à nous deux de déterminer et d'ordonner à qui le droit appartient. J'espère, par Notre-Seigneur Jésus-Christ et sa glorieuse Vierge mère, qu'avant l'issue de la journée acceptée par vous, j'aurai si bien défendu ma bonne querelle, qu'il ne vous sera plus possible de mettre en avant de telles nouveautés. »

Pendant que les princes donnaient ces marques éclatantes de haine et de colère, la guerre avait cruellement continué en Hainaut : le comte de Saint-Pol, à la tête des hommes d'armes de son frère le duc de Brabant, et des communes du pays, ayant avec lui une foule de chevaliers bourguignons, était entré en Hainaut, et avait mis le siége devant la ville de Braine; il avait même dans son armée des chevaliers de France [1]. Saintraille, se trouvant de loisir, y était venu avec les seigneurs de Picardie, contre lesquels il guerroyait d'habitude. Il n'y avait que deux cents Anglais dans la ville; mais les bourgeois avaient pris les armes pour eux. Les assiégeans étaient nombreux; ils avaient de fortes machines de guerre. La garnison n'espérait point être secourue; elle se rendit sous condition d'avoir la vie sauve, et que la ville pourrait se racheter moyennant une somme d'argent. Mais comme les Anglais, ayant reçu leur sauf-conduit, allaient se mettre en route, les communes de Brabant, sans écouter ni ordres, ni messages, ni prières du comte de Saint-Pol et de tous les seigneurs, se jetèrent dans la ville

---

[1] Monstrelet.

de tous côtés, la pillèrent, mirent le feu partout, massacrèrent les bourgeois; ce fut à grand'-peine que les capitaines parvinrent à sauver la vie à quelques Anglais.

Peu après, on fut informé que le duc de Bourgogne et le duc de Glocester s'étaient défiés; puisqu'ils allaient combattre de leurs personnes, leurs gens cessèrent de se faire la guerre. Le comte de Saint-Pol reprit, avec son armée, la route du Brabant; il lui fallait passer devant les Anglais et les gens du Hainaut qui se tenaient à Soignes, sous les ordres du duc de Glocester. La nouvelle de la suspension d'armes n'était pas encore arrivée; chacun mit ses gens en ordre de combat; déjà même les coureurs des deux partis s'étaient rencontrés, et il y en avait eu de tués de part et d'autre. Les communes de Brabant, se trouvant près de chez elles, et ne voulant point combattre, se mirent tout à coup en grande déroute, laissant même leurs charrettes et leurs bagages; leurs chefs ne purent en retenir qu'un petit nombre. Le comte de Saint-Pol et ses chevaliers se trouvèrent ainsi livrés à un ennemi beaucoup plus nombreux; leur position était périlleuse; ils firent bonne contenance. Enfin arriva la nouvelle certaine que les deux princes avaient pris jour pour leur combat corps à corps, qu'ainsi toute guerre était suspendue.

Le duc de Glocester retourna en Angleterre, où le rappelaient de vifs démelés avec l'évêque de Winchester; sur les instances des gens du Hainaut, il laissa madame Jacqueline sous la garde de la ville de Mons. Le duc Philippe lui envoya un sauf-conduit afin qu'il traversât paisiblement ses états, et qu'il allât faire ses préparatifs pour leur combat. De son côté, il s'apprêta pour cette journée; tout habile qu'il était aux joutes et aux faits d'armes, il se livra avec ardeur aux exercices de chevalerie. Il manda à lui les maîtres les plus fameux; à peine prenait-il le temps de s'asseoir pour ses repas. Il avait fait établir une forge dans son château de Hesdin; là, sous ses yeux et d'après ses idées, on fabriquait toutes sortes d'armes et de harnois de guerre, magnifiques, commodes et de résistance [1].

Une telle discorde rompait toutes les mesures du régent anglais. Lorsque la bataille de

[1] Monstrelet. — Saint-Remy. — Fenin.

Verneuil venait d'abattre le parti du Dauphin, son frère lui enlevait les moyens de continuer vivement la guerre en France; il allumait la guerre entre le duc de Bourgogne et les Anglais, en même temps ses querelles avec l'évêque de Winchester troublaient toute l'Angleterre. C'était fort à faire pour un homme si sage et si habile, de réparer les fautes d'un homme violent et insensé. Afin de prévenir les suites du défi que les deux princes s'étaient porté, il vint d'abord avec sa femme, et en grand appareil, trouver le duc Philippe, qui alla au-devant de lui à Doullens, puis le conduisit jusqu'en son château d'Hesdin. Là, au milieu des fêtes qui durèrent six jours, le bâtard de Saint-Pol et d'autres chevaliers de Bourgogne portèrent au bras droit une plaque d'argent où ils avaient fait graver un rayon de soleil : c'était la marque du vœu qu'ils avaient fait, de défendre le droit, plus clair que le jour, du duc de Brabant contre le duc de Glocester. En vain le régent mécontent voulut-il leur faire quitter ce médaillon ; ils s'y refusèrent, et il se contenta de leurs explications.

De retour à Paris, il convoqua plusieurs

prélats, comtes, barons, docteurs et licenciés en droit divin, canonique et civil, plusieurs chevaliers, écuyers, et autres notables et sages personnages de France et d'Angleterre, pour donner avis sur cette affaire par-devant le grand conseil. La matière fut solennellement traitée : les uns furent chargés de soutenir l'affirmative ; ils démontrèrent par plusieurs raisons et exemples, et par le droit des armes qu'il y avait gage de combat : d'autres défendirent la négative. Les lettres des deux princes furent lues mot à mot ; puis le régent prit l'avis de chacun, et il fut déclaré que, d'après les lois, raisons, les coutumes et droits des armes, il n'y avait ni ne pouvait y avoir gage de combat, qu'ainsi les parties ne pouvaient être reçues à combattre l'une contre l'autre. D'après cela le régent leur imposa silence perpétuel [1]. Quant aux paroles hautaines contenues dans les lettres des princes, après avoir été grandement notées et avisées par le régent, le conseil et tous les assistans, il fut dit qu'elles avaient été écrites par chaque partie, de grand courage,

[1] Preuves de l'Histoire de Bourgogne.

pour garder et maintenir son honneur : qu'elles pouvaient et devaient se prendre en toute égalité : que chacun d'eux avait donc montré vaillamment la grande vertu et noblesse de son courage, et avait voulu étroitement garder sa bonne et haute renommée : qu'enfin chacun restait dans son entier honneur.

Le régent envoya cette déclaration aux deux princes, et fit en même temps représenter fortement à son frère l'imprudence de sa conduite. Elle fut blâmée de tous en Angleterre, et il lui fut signifié qu'aucun subside ne lui serait fourni en hommes ou en argent pour accomplir une telle entreprise. Ses querelles avec l'évêque de Winchester n'en continuaient pas moins à troubler le royaume, et le régent se vit contraint à quitter la France vers le mois de décembre pour aller remettre le bon ordre en Angleterre [1].

Il laissait ses affaires de France en mauvaise disposition. Plus les Anglais y prolongeaient leur séjour, plus la haine contre eux s'en allait croissant; c'était à eux que le

[1] Monstrelet.

peuple imputait cette guerre qui ravageait tout; les discordes des princes en avaient été la première cause; mais maintenant, voyant ces étrangers dans le royaume, il semblait que leur présence fût cause de tous les maux. On les avait pris en horreur; il n'y avait rien qu'on ne leur attribuât. Les Écossais eux-mêmes n'étaient pas mieux voulus; ils parlaient le même langage, ils venaient du même pays que les Anglais. Le vulgaire méfiant et même les chefs s'imaginaient parfois qu'ils avaient intelligence entr'eux pour soumettre et partager la France.

En même temps le royaume jusqu'à la Loire était devenu comme une vaste solitude [1]; les campagnes étaient désertes; il n'y avait plus d'habitans que dans les bois et dans les forteresses; encore les villes étaient bien plutôt des logis pour les gens de guerre que des demeures pour les citoyens. La culture était délaissée, hormis à l'entour des murailles, sous l'abri des remparts et à portée de la vue de la sentinelle du clocher. Dès qu'elle voyait

---

[1] Gollut. — Meyer. — Amelgard.

l'ennemi, les cloches étaient sonnées, les laboureurs en toute hâte rentraient dans la ville; les troupeaux, aussitôt qu'ils entendaient le son du tocsin, avaient pris l'instinct de s'enfuir d'eux-mêmes, et se pressaient aux portes pour se mettre en sûreté.

Le larcin et la rapine étaient devenus la profession commune de tant de malheureux sans asile. Les magistrats anglais avaient mis à prix la tête de ces brigands, comme on aurait pu faire d'animaux carnassiers; en eussent-ils justicié dix mille par an, ils n'eussent pas sensiblement diminué le désordre. « Mais qu'y » faire donc ? » disait un jour l'un d'eux à un digne prêtre. — « Ah ! si les Anglais n'y étaient » pas ! » répondit-il.

Il n'y avait donc pas un homme sage, pas un loyal Français qui ne désirât la paix. Il était manifeste qu'elle dépendait du duc de Bourgogne. Par bonheur, chaque jour tendait à rapprocher cette puissante maison de la maison de France, dont elle était le plus noble rameau.

Non-seulement le duc de Savoie, mais le pape Martin V s'occupaient sans relâche d'amener Philippe à des dispositions pacifiques. Depuis qu'il avait été élu par le concile, sa principale pensée avait été de faire cesser cette longue et abominable guerre, cette cruelle effusion du sang chrétien. « Dernièrement, écrivait-il au duc de Bourgogne [1], nous avons appris par gens dignes de foi, que tes adversaires, inspirés par le Seigneur, penchaient vers une paix raisonnable et honorable, telle que, sans encourir le blâme d'une coupable cruauté, on ne saurait la rejeter; mais, dit-on, tes alliés refuseront de l'accepter. La noblesse de ton âme nous encourage à t'exhorter, à te requérir, à te supplier avec une affection paternelle, au nom de Jésus-Christ qui disait à ses disciples, en remontant vers son père : Je vous donne ma paix, je vous laisse la paix : d'incliner ton cœur à la paix, et de t'efforcer d'amener aussi tes alliés à cette paix, qui sera d'autant meilleure, d'autant plus utile, d'autant plus agréable à nous, qu'elle sera plus universelle. Mais, s'ils s'obstinaient dans cette passion de guerre qui fait la ruine de tant de

---

Lettres du 22 mai 1425.

provinces, la désolation de tant de peuples, qui est une offense exécrable envers Dieu et la destruction de la république chrétienne, considère ce qu'il te convient de faire pour satisfaire à ton honneur et à ta conscience, et pour ne point, au jugement de Dieu et des hommes, être regardé comme l'auteur de tant de maux. Nous ne croyons pas que les motifs humains puissent avoir assez de force pour être préférés à un si grand et si universel bienfait, surtout lorsque le salut de ton âme y est attaché ; lorsque tu es menacé de la perdition éternelle, si, pouvant donner la paix aux fidèles désolés, tu la leur refuses. Tu diras peut-être qu'il te faut garder tes promesses et tes alliances. Mais, répondrons-nous, à supposer qu'elles n'offensent point Dieu, que tu dois respecter plus que les hommes, est-ce que l'amour de ta patrie, la restauration du royaume de tes aïeux, les liens du sang, ne doivent pas te toucher davantage ? Et, par-dessus toutes les affections mondaines, ne dois-tu pas être ému de la crainte de Dieu, dont le jugement est plus formidable que les propos et les langages humains, toujours pleins de passions et étrangers à la vérité? Le bonheur de cette paix tant désirée par le peuple chrétien sera si grand, que, si tu en es l'auteur, ton nom aura désormais une gloire sans tache, sera illustre à jamais, et à l'égal des plus grands princes. »

Outre ces paternelles instances du souverain pontife, le Duc se trouvait de tous côtés environné par des cœurs tout français. Sa nouvelle femme était petite-fille du duc de Berri; sa sœur Agnès venait d'épouser le comte de Clermont, qui était du parti français; madame de Guyenne avait pour mari le connétable de Richemont. Le conseil de Bourgogne était plein de prud'hommes, qui ne désiraient rien tant que de réconcilier leur prince et la France [1]. Récemment encore, pour soulager leur pays, ses conseillers avaient, en son absence, donné ordre à toutes les troupes étrangères de vider la province; et lorsque Perrin Grasset, cet aventurier qui avait surpris la forteresse de la Charité, se refusa à congédier les étrangers de sa compagnie, menaçant de

---

[1] Histoire de Bourgogne.

livrer la place aux Anglais, ce fut parmi les Bourguignons une alarme et une indignation aussi grandes qu'elles eussent pu l'être parmi les Français. Le maréchal de Bourgogne s'entremit pour traiter avec ce rude capitaine, ce qui n'était pas chose facile. Le conseil de Bourgogne écrivit en même temps au comte de Clermont et au connétable de Richemont pour qu'ils eussent à prendre des précautions, car les Bourguignons aimaient mieux voir cette forteresse tomber aux mains des Français leurs ennemis qu'aux mains des Anglais leurs alliés. Le duc Philippe lui-même gourmanda fortement Perrin Grasset; mais c'était un homme qui ne respectait rien, voyant bien qu'on avait besoin de lui. Pour l'adoucir, il fallut employer un autre aventurier nommé François l'Aragonais; enfin on obtint de lui qu'il recevrait le sire de la Trémoille en ôtage d'une forte somme d'argent qui lui fut promise.

Mais ce qui pouvait surtout donner quelque espérance de paix, c'était les efforts du connétable; il semblait n'être passé dans le parti du roi qu'afin de travailler à la conclure. Pour commencer, lorsqu'il était venu demander au duc de Bourgogne de consentir à ce qu'il acceptât l'office de connétable, il lui avait promis de faire renvoyer des conseils du roi ses ennemis et les assassins de son père. Aussi, en recevant l'épée de connétable, qui lui fut solennellement remise dans la grande prairie de Chinon, au mois de mars 1425, il exigea tout d'abord que Tanneguy Duchâtel, le président de Provence, Frottier et d'Avaugour fussent chassés du royaume. Cette condition lui fut jurée, et il partit aussitôt pour aller assembler ses hommes d'armes en Bretagne [1].

Le désordre qui régnait dans les conseils du roi, l'insolence de ceux qui le gouvernaient, faisaient de plus en plus le scandale de ses fidèles serviteurs et de tous les hommes sages [2]. Le président de Provence, Tanneguy, et l'évêque de Clermont, conduisaient tout. Souvent les conseillers n'étaient point d'accord entr'eux, et leurs disputes étaient si violentes, qu'un jour, en plein conseil, devant le roi,

[1] Mémoires de Richemont. — Preuves de l'Histoire de Bourgogne.
[2] Chronique de Berri.

Tanneguy tira son poignard et tua le comte Guichard Dauphin [1]. Mais le plus absolu et le plus hautain, c'était le président Louvet : il avait acquis de grands biens ; sa fille, madame de Joyeuse, était bienvenue du roi ; il avait marié son autre fille au bâtard d'Orléans, qui commençait à devenir puissant et illustre. Quant à l'évêque de Clermont, qui avait exercé pendant quelque temps l'office de chancelier de France, ses conseils étaient plus sages ; c'était lui qui avait conduit tout le traité avec le comte de Richemont ; il avait aussi assisté aux pourparlers avec les ducs de Bourgogne et de Savoie.

Tanneguy sentait la nécessité de s'en aller ; mais le président se refusait à tout ; il entendait se maintenir contre le connétable. Dès que ce prince eut quitté le roi, l'évêque de Clermont et le sire de Trignac furent renvoyés, et le pouvoir du président sembla prévaloir. Mais presque tous les serviteurs du roi et les bonnes villes du parti français se déclarèrent contre lui ; la reine de Sicile, mère de la reine, qui avait été long-temps pour lui,

---

[1] Registres du Parlement. — Pasquier.

l'abandonna aussi ; mais le président, se fiant aux Écossais, au maréchal de Boussac, et à quelques gens de guerre, ne voulait point céder.

Bientôt le connétable revint avec ses Bretons ; toute la noblesse de Poitou, d'Auvergne, de Berri, de Rouergue, vint se ranger de son côté. Le roi, emmené par le président, se retirait de ville en ville, quitté de tous, les uns après les autres ; il ne resta plus sous son autorité que Selles et Vierzon ; enfin l'accommodement se fit [1]. Tanneguy, qui jamais n'avait demandé à rester, dit au connétable : « A Dieu » ne plaise qu'à cause de moi manque un aussi » grand bonheur que la paix entre le roi et » monseigneur de Bourgogne. » Il s'employa, tout le premier, à mettre dehors ceux qui devaient s'en aller, jusque-là qu'il fit tuer, par ses archers, un capitaine qui refusait d'obéir ; puis il se rendit à Beaucaire, dont il fut nommé sénéchal. Le président de Provence, craignant pour sa vie, voulut que le bâtard

[1] Chronique de Berri. — Chronique de la Pucelle. — Mémoires de Richemont.

d'Orléans l'accompagnât jusqu'à Avignon, non qu'ils fussent de même parti, mais, outre que c'était son gendre, il ne se fiait à nul autre. De commun accord entre le connétable, la reine de Sicile et le roi, le sire de Giac fut mis à la tête du conseil.

Dès que le connétable fut le maître, il commença par réconcilier son frère le duc de Bretagne avec le roi. L'entrevue eut lieu à Saumur, au mois de septembre ; le comte de Clermont, la reine de Sicile, la duchesse de Guyenne, s'y trouvèrent. Tous, dans cette réunion de la maison de France, semblaient n'avoir d'autre désir que la paix et la réparation du royaume. Le duc de Bretagne rendit au roi son hommage, comme vassal. Madame de Guyenne, qui avait été la belle-sœur du roi, et qui en avait conservé les titres et les honneurs, reçut de lui le plus grand accueil. C'était la première fois qu'ils se revoyaient depuis le malheureux jour de Montereau. Ce souvenir leur arracha des larmes. Le roi parla de la grande jeunesse où il était alors, des mauvais conseillers dont il était entouré et qu'il venait de chasser, des soupçons dont ils l'avaient rempli; il témoigna la volonté de se réconcilier avec le duc de Bourgogne, et pria madame de Guyenne de travailler à cette paix [1]. Cet entretien et les assurances que le roi donna publiquement à tous les princes, répandirent la joie autour d'eux ; on fit venir des ménétriers, et dans les cloîtres de la belle abbaye de Saint-Florent, où logeait madame de Guyenne, on célébra, par des chants et des danses, cet heureux espoir d'une paix si nécessaire [2].

Le connétable, le duc de Bretagne, le comte de Clermont, la duchesse de Guyenne envoyèrent au duc Philippe message sur message, pour lui rendre compte de ce qui se passait, et le conjurèrent de commencer à traiter avec le roi. Rien ne s'opposait plus, lui disait-on, à ce qu'une si cruelle guerre fût promptement terminée ; les coupables de la mort du duc Jean étaient chassés, et s'il voulait faire renvoyer encore quelques-uns des conseillers du roi, il

[1] Histoire de Bourgogne et Preuves. — Mémoires de Richemont.
[2] Preuves de l'Histoire de Bourgogne.

n'avait qu'à le faire savoir ; mais on pouvait l'assurer que tous étaient maintenant pleins de bienveillance pour la maison de Bourgogne. Le roi protestait de tout son cœur qu'il désirait se conseiller et se gouverner, au temps à venir, par les grands de son sang, et ne plus faire qu'un avec le duc de Bourgogne ; les affaires du royaume et les finances se régleraient, d'accord avec lui, par tels gens et conseillers qu'il aviserait.

On ajoutait que, sur tous les points à débattre, le duc de Bourgogne aurait pleine satisfaction : que le roi, les seigneurs de son sang, les comtes, les barons, les nobles, les gens d'église, les bonnes villes et les gens de tous états, voulaient fermement la paix, lui accorderaient toutes ses sûretés, et jureraient tous les sermens qu'il exigerait : que le roi lui donnerait même son fils en ôtage, et pour gage, tel gouvernement qu'il voudrait dans le royaume. « D'ailleurs, disaient le connétable et le comte de Clermont, nous avons assez de puissance, à l'aide de nos seigneurs et de nos

---

[1] 1426-1425 (v. s.) L'année commença le 31 mars.

amis, pour faire et accomplir cette paix, pour la tenir et la faire tenir à perpétuité, et nous aimerions mieux mourir que d'y manquer.

» Vous avez plusieurs fois fait savoir au comte de Richemont, lui disaient les messagers, qu'il n'avait qu'à avoir le Dauphin entre les mains ; il nous charge de vous dire qu'il l'a paisiblement entre les mains, sans aucun empêchement. Tous ceux qui sont présentement près de lui sont pour le connétable, et nul autre n'a crédit ni puissance. Depuis ce moment, les grands seigneurs lui ont de toutes parts envoyé offrir leurs services, et se sont présentés pour aider le roi ; mais M. de Richemont n'a voulu conclure aucune alliance avant de savoir votre volonté. Si vous ne lui répondiez point, il pourrait lui en advenir grand préjudice ; et il aurait déjà bien plus de puissance, s'il avait accepté les offres qui lui ont été faites ; mais votre réponse peut le fortifier de telle sorte, qu'il n'ait aucun ennemi à craindre.

» Il vous fait connaître aussi que la seigneurie de France par-delà la Loire n'est pas si bas qu'on a pu vous le rapporter ; il y a encore de quoi résister aux adversaires du royaume ;

et, puisqu'il a pris la chose entre les mains, dût-il perdre cinquante seigneuries l'une après l'autre, son intention n'est pas que les Anglais soient jamais maîtres du royaume. En quelque façon que tourne l'affaire, soit en bien, soit en mal, il est et sera toujours votre fidèle serviteur, prêt à faire tout ce qui vous plaira ; mais si vous le perdez, vous aurez perdu le plus loyal ami et serviteur que vous ayez dans le monde.

» M. de Richemont croit donc s'être bien acquitté et avoir accompli tout ce qu'il vous avait promis ; cependant il ne peut longuement entretenir la chose en cet état sans l'aide de vous ou d'autre ; plus tard il ne pourrait plus peut-être se conformer à votre volonté, et ce lui sera un grand déplaisir : c'est pourquoi il vous prie et vous requiert de battre le fer tandis qu'il est chaud. »

Le connétable, en effet, n'était pas tellement maître du roi et des affaires, qu'il ne courût le risque d'être renversé dès qu'il était absent. Après avoir assemblé son armée, il commença par s'emparer de Pontorson, puis s'en alla mettre le siége devant Saint-James de Beuvron; là, il éprouva bientôt les effets de la haine et du mauvais gouvernement de ceux qu'il avait laissés près du roi; l'argent destiné à payer les hommes d'armes n'arriva point; le désordre commença à se mettre dans l'armée; chacun retournait chez soi. Le connétable voulut tenter un assaut; les mesures furent mal prises; les assiégeans n'étaient plus en nombre suffisant; ils furent repoussés; le feu fut mis à leur camp; la déroute fut complète, et le connétable abattu de son cheval, au milieu de la foule, pensa y périr. Il laissa des garnisons sur les frontières de Bretagne; puis, faisant saisir le chancelier de Bretagne, ministre de son frère, à qui il attribuait une part dans cette trahison, et qui l'avait laissé sans argent, il se rendit près du roi.

Ce chancelier de Bretagne passait pour habile et pour avoir du crédit à la cour de Bourgogne : il promit de s'employer de son mieux pour conclure la paix, et fut envoyé en ambassade, car sans cesse on s'efforçait de traiter.

Le sire de Giac, principal conseiller du roi, ne put s'en tirer si facilement; il avait formé un parti contre le connétable et contre l'alliance de Bourgogne, dont il avait tant à craindre, lui qui autrefois avait trahi le duc Jean à Montereau. Le comte de Clermont, à qui il avait fait donner le duché d'Auvergne, le comte de Foix, qui avait eu le Bigorre, étaient entrés dans sa cabale. Le connétable, après s'être accordé avec les autres seigneurs, se rendit auprès du roi à Issoudun, où était le sire de Giac. Alléguant qu'il voulait, au point du jour, aller entendre la messe dans l'église de Notre-Dame du bourg de Déol, hors la ville, il se fit remettre les clefs des portes. Le lendemain, comme cette messe allait commencer, on lui vint dire que tout était prêt; il laissa là son prêtre, et rentra dans la ville. Le logis du sire de Giac était déjà entouré des archers du connétable; on rompit la porte : « Qu'est-ce donc? s'écria Giac. — Le » connétable, répondit-on. — Ah! je suis » mort, » dit-il. On l'arracha de son lit, on le mit à demi nu sur un cheval, et on l'emmena hors d'Issoudun. Le roi s'était éveillé au bruit, et il avait envoyé sa garde. « Ne bougez pas, » leur signifia M. de Richemont, et retournez; » ce qui se fait est pour le service du roi. »

Le sire de Giac fut conduit à Dun-le-Roy,

dont la seigneurie appartenait au connétable. Ce fut son bailli et ses gens de justice qui firent la procédure. Giac confessa, dit-on, mille horribles crimes. Outre qu'il avait procuré la mort de son ancien maître le duc de Bourgogne, il avait empoisonné sa première femme, afin de pouvoir épouser Catherine de l'Isle-Bouchard, comtesse de Tonnerre; il avait dérobé les finances du royaume; enfin il avait donné, disait-on, une de ses mains au diable, pour obtenir son alliance. Il offrit cent mille écus pour se racheter, et promit de ne jamais approcher du roi de plus de vingt lieues, laissant en gage sa femme, ses enfans, ses biens, ses forteresses. Le connétable répondit que tout l'argent du monde ne le sauverait pas. Pour lors il supplia du moins qu'avant sa mort on lui coupât cette main qu'il avait donnée au diable. Il fut jeté à l'eau et noyé [1].

Le roi montra d'abord quelque courroux; on l'apaisa; bientôt après il tomba sous le gouvernement d'un écuyer d'Auvergne, nommé le Camus-de-Beaulieu, qui devint en peu de temps

[1] Mémoires de Richemont. — Chronique de Berri. — Chronique de la Pucelle.

aussi odieux à la plupart des seigneurs que l'avait été le sire de Giac.

Toutes ces marques de la puissance du connétable, ces instances de la cour de Bretagne, ces soumissions de la France, ne décidaient point encore le duc de Bourgogne; il ne pouvait se résoudre à rompre les sermens qu'il avait prêtés à Troyes et à Amiens. Il était loin cependant d'être satisfait des Anglais; et les envoyés de Bretagne prenaient soin de lui raconter, de la part de leur maître, tout ce qui pouvait l'irriter davantage. Tantôt le chancelier de Bretagne l'assurait que les Anglais tramaient sa mort, ainsi que celle de tous les princes de la maison de France, et qu'on pourrait le lui prouver par des lettres signées du comte de Suffolk, ou même par des hommes ayant reçu commission de lui. Tantôt on lui apprenait que les Anglais offraient paix et alliance au duc de Bretagne aux dépens de la Bourgogne, et que le comte de Suffolk, se plaignant ouvertement du duc Philippe, avait dit à Rennes qu'on en aurait bientôt fait de lui, si l'Angleterre et la Bretagne étaient en paix.

Le duc de Bourgogne ne faisait point savoir

sa volonté; seulement les messages et les pourparlers continuaient toujours, et le duc de Savoie, dont l'alliance avec son neveu devenait chaque jour plus étroite, avait prolongé les trêves. Par malheur les désordres des deux partis venaient sans cesse aigrir les esprits. Le bâtard de la Baume avait surpris le château de Mailli près d'Auxerre durant la trêve; de leur côté les Bourguignons étaient sans cesse contraints de désavouer le capitaine de la Charité, qui n'obéissait à personne, et traitait avec la plus hautaine insolence les plus grands seigneurs de Bourgogne.

Ainsi se passèrent en France les années 1425 et 1426. C'était vers la fin de la première que le régent avait été contraint de retourner en Angleterre, laissant le pouvoir et le commandement de l'armée au comte de Warwick. Celui-ci avait surtout dirigé ses efforts du côté de la Bretagne, afin d'effrayer le duc et de le ramener à l'alliance des Anglais. Le mauvais gouvernement du roi de France, les discordes de ses conseillers avaient empêché le connétable de défendre suffisamment les états du duc son frère. C'était un motif de plus pour que le comte de Richemont pressât sans relâche le duc Philippe, soit de traiter avec le roi, soit d'arrêter la marche des Anglais.

Mais en ce moment les ambassades qu'on lui envoyait s'adressaient plutôt à son conseil de Bourgogne qu'à lui-même. Son attention semblait toute portée sur les affaires du Hainaut [1]. Il avait à recueillir l'héritage de son oncle Jean-sans-Pitié, l'ancien évêque de Liége. Sa tante, la duchesse d'Autriche, qui venait de mourir, lui avait aussi laissé une riche succession. Sa femme, Bonne d'Artois, morte après quelques mois de mariage, lui laissait encore à régler les intérêts des deux enfans qu'elle avait eus du comte de Nevers, son premier mari. Ces intérêts de famille, tout puissans qu'ils étaient, l'occupaient encore moins que les troubles suscités par madame Jacqueline.

Le duc de Glocester, en quittant la Flandre, avait publié de fausses lettres du pape, portant que son mariage était confirmé; mais ces lettres, qui depuis furent démenties par le pape, n'en imposèrent à personne [2]. Les

[1] Histoire de Bourgogne.
[2] Monstrelet. — Meyer.

Brabançons et les Picards recommencèrent une guerre rude et vive contre le Hainaut. Le pays souffrait beaucoup de tant de ravages; il n'y avait point d'armée pour le défendre. La comtesse douairière de Hainaut eut plusieurs entrevues avec le duc Philippe afin d'obtenir un traité. Il exigeait que le Hainaut fût remis en l'obéissance du duc de Brabant, qui promettait abolition à ses sujets rebelles; il voulait aussi que madame Jacqueline fût mise sous sa garde pendant que le procès se jugeait à Rome; il s'engageait, moyennant un certain revenu, de la maintenir dans un état honorable.

Pendant qu'on traitait, toutes les villes de Hainaut, l'une après l'autre, Valenciennes, Condé, Bouchain, ouvraient leurs portes au duc de Bourgogne. Il ne restait presque plus à l'autre parti que Mons, où madame Jacqueline était enfermée. La ville fut entourée pour empêcher les vivres d'y entrer et la prendre par famine. Dans cette détresse, madame Jacqueline écrivit au duc de Glocester pour lui demander secours; son messager fut pris en chemin, et les lettres furent portées au duc de

Bourgogne; elles étaient à peu près conçues ainsi :

« Mon très-redouté seigneur et père, je me recommande à votre bonté et à votre grâce le plus humblement du monde; sachez que j'écris maintenant à votre glorieuse domination, comme la plus dolente femme, la plus perdue, la plus faussement trahie; car dimanche, 13 juin, les députés de votre ville de Mons rapportèrent un traité fait et accordé par mon cousin de Bourgogne et mon cousin de Brabant; lequel traité a été fait en l'absence de madame ma mère, et sans sa connaissance, comme elle me l'a fait certifier par son chapelain; néanmoins, dans ses lettres, elle fait mention de ce traité, et ne sait ou n'ose pas me conseiller, car elle-même ne sait que faire; seulement elle me dit qu'il me faut prier les bonnes gens de cette ville, pour savoir quelle consolation et aide ils pourront me donner. Sur cela, mon très-doux seigneur et père, j'allai le lendemain à la maison de ville, et leur fis remontrer comment, à leur requête et prière, il vous avait plu de me laisser sous leur protection et sauvegarde : comment ils vous avaient fait serment, sur le sacrement de l'autel et les saints Évangiles, d'être vos bons et loyaux sujets, de faire bonne garde de moi, et de vous en rendre compte. Sur quoi ils répondirent tout à plein qu'ils n'étaient pas assez forts pour me garder. Ainsi parlant, de propos délibéré, ils s'emportèrent et dirent que mes gens les voulaient faire périr; puis, en dépit de moi, ils prirent un de mes sujets, le sergent Macquart, et sur-le-champ lui firent prestement couper la tête. Ensuite ils firent prendre tous ceux qui vous aiment et tiennent votre parti, jusqu'au nombre de deux cent cinquante; enfin ils me dirent tout à plein que si je ne traitais, ils me remettraient aux mains de mon cousin de Brabant. Je n'ai que huit jours de délai, puis je serai contrainte d'aller en Flandre; ce qui m'est chose douloureuse et dure, car je crains de ne plus vous voir de ma vie, s'il ne vous plaît de venir, en toute hâte, m'aider. Hélas! mon très-redouté seigneur et père, vous êtes toute ma vraie espérance; tout mon recours est en votre pouvoir, vous êtes ma seule et souveraine joie, et tout ce que je souffre est pour l'amour de vous. Je vous supplie donc très-humblement, aussi chèrement qu'on le peut faire en ce monde, pour l'amour de Dieu, d'avoir compassion de moi, et de venir en toute hâte au secours de votre dolente créature, si vous ne voulez pas me perdre pour toujours. J'ai l'espoir que vous le ferez; car jamais je n'ai fait ni ne ferai de ma vie aucune chose qui puisse vous déplaire; au contraire, je suis toute prête à recevoir la mort pour l'amour de vous et de votre personne, tant me plaît votre noble domination. Par ma foi, mon très-redouté seigneur et prince, vous, ma consolation et mon espérance, pour l'amour de Dieu et de monseigneur saint George, considérez le plus promptement possible ma très-douloureuse situation; ce que vous n'avez point encore fait, car il me semble que vous m'avez mise entièrement en oubli. Je ne sais, pour le présent, vous écrire autre chose. Mandez-moi et commandez-moi votre bon plaisir; je le ferai de tout mon cœur: c'est ce que sait bien le fils béni de Dieu. Puisse-t-il vous accorder bonne et longue vie, et faire que j'aie la joie de vous voir ! Écrit dans la fausse et traîtresse ville de Mons, le 6 juillet. Votre dolente et très-aimée fille, souffrant très-grande douleur pour votre commandement, votre fille Jacqueline de Quienbourg. »

Les députés de Mons retournèrent auprès du duc de Bourgogne; le traité se conclut au grand déplaisir de la duchesse douairière et de madame Jacqueline qui n'y voulut point consentir. Les portes de Mons furent ouvertes, et elle fut, sous la garde du prince d'Orange et des Bourguignons, conduite à Gand. L'hôtel du Duc lui servait de logement, et sa maison était honorablement tenue. Le Hainaut entier se soumit au duc de Brabant; il y publia une abolition générale et en retira les gens de guerre [1].

Madame Jacqueline n'était pas à Gand depuis plus de deux mois, qu'elle trouva moyen de s'échapper. Elle s'était habillée en homme, ainsi qu'une de ses femmes; accompagnée seulement de deux gentilshommes de Hollande

Monstrelet. — Meyer.

qu'elle avait secrètement mandés, et qui s'étaient travestis en valets, elle chevaucha promptement jusqu'à Anvers, y prit un chariot, se rendit à Breda, et de là dans son comté de Hollande, où elle fut honorablement reçue.

Ce pays était, depuis plus de soixante ans, divisé en deux factions qui se haïssaient mortellement ; elles avaient pris naissance sous Marguerite de Hollande, femme de l'empereur Louis de Bavière. Une portion des seigneurs et des villes, mécontente de son gouvernement, avait appelé le comte Guillaume, son fils, et avait prétendu que la comtesse était tutrice et non pas seigneur par son propre droit. La guerre s'était allumée ; elle avait duré long-temps et avait engendré un esprit de vengeance et une division qui semblaient ne devoir jamais finir; car, en ce pays, les seigneurs étaient plus puissans et les peuples plus barbares que dans la Flandre ou le royaume de France. Ces deux factions avaient été surnommées les Hoeks et les Kabeljauws, c'est-à-dire les Hameçons et les Morues. Les Hoeks, qui étaient l'ancienne faction de la comtesse Marguerite, avaient été partisans de madame Jacqueline dans les guerres qu'elle avait soutenues contre son oncle Jean-sans-Pitié, et se trouvaient ainsi liés d'intérêt et d'affection avec elle. En arrivant, elle manda les barons du pays, qui étaient de cette faction. La guerre était déjà commencée en son nom; les Hoeks s'étaient emparés de la ville de Schoonhowe, et tout se faisait si cruellement, qu'ils avaient enterré tout vif le seigneur de Beyllink, pour le punir de sa vaillante résistance. Plusieurs villes se déclarèrent aussi pour elle. Cela était d'autant plus facile que beaucoup de nobles y étaient premiers magistrats.

La faction des Kabeljauws n'était pas moins forte. Leyde, Harlem, Dordrecht, Rotterdam, et en général les villes et communes étaient rangées de ce côté. Schoonhowe, Goude, Oudewater, Vianen, Monfort, Alkmaer, étaient pour madame Jacqueline; elle avait aussi un puissant allié dans l'évêque souverain d'Utrecht, et le duc de Glocester lui avait envoyé environ trois mille Anglais, tous gens d'élite, sous le commandement de lord Fitz-Walter.

Le duc de Bourgogne ne perdit point de

temps; il se fit nommer par son cousin de Brabant, avoué ou gouverneur de Hollande et de tous les domaines [1] de madame Jacqueline; il assembla sur-le-champ son armée, s'embarqua et se hâta d'arriver.

Les Hoeks avaient déjà remporté une grande victoire auprès de Goude, et les Anglais avaient pris terre dans Schouwen, une des îles de la Zélande. Le Duc y dirigea son convoi, et commença à débarquer près du port de Brawhershauven, dans les environs de Ziricsée. Les Anglais accoururent au moment où les Hollandais du parti de Bourgogne n'étaient encore ni en position ni en ordre de bataille; pour venir se ranger sur la plage, il leur fallait entrer dans la mer jusqu'à mi-corps. Les archers commencèrent à tirer si serré, que l'avant-garde du Duc s'ébranla. Le premier rang des Anglais avait mis le genou en terre, de telle sorte que le second rang pouvait tirer aussi. Le Duc, voyant de son vaisseau ses gens qui reculaient, se fit aussitôt mettre à terre; ses serviteurs voulurent le retenir; mais, sans les écouter,

---

[1] Chronique de Hollande.

saisissant la bannière de Bourgogne, il s'élança sur le rivage, criant à haute voix : « Qui m'aime me suive. » En un instant, il fut à cheval; et, se mettant avec les gens de Dordrecht et de Delft, il les ramena sur les Anglais. Tant de vaillance allait lui devenir funeste; il était de toutes parts pressé par les ennemis, lorsque Jean de Vilain, ce robuste chevalier du pays de Gand, qui l'avait si bravement secondé à la bataille de Mons en Vimeu, vint encore cette fois à son aide, et se fit jour jusqu'à lui. Rien ne résistait devant ce terrible champion ; chacun de ses coups jetait bas un Anglais. « Tuez, tuez-les, disait-il à ceux de sa suite ; pour moi, je vous en abattrai assez. »

Animé par cet exemple et par la merveilleuse valeur de leur maître, les hommes d'armes de Bourgogne, d'Artois, de Picardie, de Flandre, de Brabant, de Hollande, combattirent avec une ardeur extrême. Après un combat sanglant, la victoire leur demeura. Un grand nombre d'Anglais périt par les armes, d'autres se noyèrent en essayant de regagner leurs vaisseaux.

Le sire de Heemstede, qui était le principal

partisan de madame Jacqueline, fut pris, et son frère fut tué, ainsi que beaucoup de gentilshommes des Hoeks. Quant à lord Fitz-Walter, il ne put combattre de sa personne, parce qu'ayant un peu auparavant reçu quelque bienfait du duc de Bourgogne, il lui avait fait serment; aussi dès qu'il avait su que ce prince était lui-même présent, il avait remis ses soldats sous les ordres du sire de Heemstede.

Le duc de Bourgogne acheta cet avantage par la mort de plusieurs de ses braves chevaliers, Philippe de Montmorency, Guillaume de La Laing, Robert de Brimeu, Adrien de Vilain, Jacques de Borsel, Guillaume de Beaufremont, André de Mailli, Théodore de Bossut et beaucoup d'autres. La saison était avancée; on était au mois de janvier 1426; l'hiver s'annonçait pour être rude. Le duc Philippe, après avoir laissé de fortes garnisons dans les villes de Hollande qui lui obéissaient, retourna en Flandre, afin de réunir des préparatifs plus redoutables encore pour l'année suivante [2].

[1] L'année commença le 31 mars.

[2] Monstrelet. — Meyer. — Gollut. — Chronique de Hollande.

Rien ne pouvait abattre madame Jacqueline. Après le départ du Duc, elle alla mettre le siége devant Harlem, brûlant partout les villages, et faisant rompre les digues. Le seigneur d'Utkerke défendait la ville ; son fils Jean d'Utkerke rassembla en Flandre des hommes d'armes et des gens des communes pour aller le secourir. Mais madame Jacqueline, instruite de leur arrivée, les attaqua comme ils débarquaient et les défit entièrement. Jean d'Utkerke se sauva à grand'peine. Les prisonniers furent, par les ordres de la princesse, cruellement mis à mort. Elle avait assisté au combat ; et, avant qu'il commençât, elle avait créé plusieurs chevaliers.

Cependant le duc Philippe allait revenir avec une forte armée ; elle se retira sur les frontières de la Frise, et bientôt elle n'éprouva plus que des revers. La Hollande et la Frise se soumettaient de jour en jour aux capitaines du duc de Bourgogne. Son armée était munie d'artillerie et de machines de guerre, dont manquaient les Hollandais. Lui-même assiégea une forte ville nommée Zewenbergh, dont le seigneur avait pris parti contre lui, et faisait des courses par terre et par mer sur ses sujets et ses partisans. La garnison se défendit vaillamment et long-temps ; enfin le seigneur de Zewenbergh fut contraint à se rendre, sans obtenir d'autre condition qu'une prison honnête. Le Duc s'empara de sa ville et de ses domaines, puis l'enferma dans la citadelle de Lille, où il mourut pauvre et malheureux.

A ce moment, au mois d'avril 1427, le duc de Bedford revint d'Angleterre où il avait passé six mois, pour y apaiser les troubles que son frère et l'évêque de Winchester y avaient élevés. Peu après son arrivée à Paris, il fit un voyage, passa par Lille, où le duc Philippe vint le recevoir. Le régent s'efforçait toujours de se maintenir en bonne intelligence avec lui, et de réparer de son mieux les offenses du duc de Glocester. En ce moment encore, celui-ci préparait une expédition en Angleterre pour porter secours à madame Jacqueline. Le comte de Salisbury, qui était grand ennemi du duc Philippe depuis que ce prince avait montré de l'amour à sa femme, devait commander cette armée, et avait engagé un grand nombre de seigneurs d'Angleterre à y prendre parti. Le duc de Bedford envoya sur-le-champ un message en Angleterre, et réussit à empêcher cette nouvelle entreprise. Déjà une ordonnance avait été rendue au nom du jeune roi, par laquelle il prenait le duc de Bourgogne sous sa protection, et défendait qu'aucun dommage fût fait à ses sujets ni à ses domaines [1]. Ainsi le commerce de Flandre souffrait peu de la guerre de Hainaut et de Hollande; par cette considération le Duc avait obtenu des bonnes villes un subside assez considérable [2].

Cette querelle, qui semblait uniquement préoccuper le duc Philippe, allait prendre fin; le pape venait enfin de rendre sa sentence : il avait déclaré que madame Jacqueline n'était valablement mariée qu'avec le duc de Brabant, et ordonné qu'elle eût à se retirer, sous bonne garde, chez le duc de Savoie, en attendant l'issue de tout procès. Tel était le crédit de la cour de Bourgogne à Rome, que de plus le pape avait statué qu'en cas de mort du duc de Brabant, la princesse ne pourrait, sans adul-

[1] Histoire de Bourgogne.
[2] Meyer. — Fenin.

tère, épouser le duc de Glocester. En effet, le duc de Brabant était depuis long-temps infirme et malade; il mourut au mois d'avril 1427. Son frère Philippe, comte de Saint-Pol, lui succéda en Brabant; le duc de Bourgogne continua à se dire avoué de Hollande, bien qu'il tînt ses pouvoirs uniquement du duc Jean qui venait de mourir. Quant à la seigneurie du Hainaut, d'après l'avis d'un grand conseil de seigneurs et de gens d'église qu'il rassembla à Valenciennes, il en conserva de même le gouvernement, et y établit des officiers. Louis, bâtard de Hainaut, tenait encore en ce pays le parti de madame Jacqueline sa sœur, et de son château de Scandeuvre, faisait des courses dans toute la contrée; il fut enfin réduit et dépouillé de sa seigneurie qui fut donnée au sire de Luxembourg [1].

De là le Duc, après avoir fait de grands apprêts, marcha pour achever la conquête de la Hollande; car madame Jacqueline ne se soumettait point encore à la sentence du pape, et faisait une guerre obstinée. Il commença par

[1] Monstrelet. — Meyer.

mettre le siége devant la forte ville d'Amersfort, située sur la rivière d'Eme. Croyant l'emporter d'assaut, il se jeta tout des premiers dans les fossés ; les assiégés, sans se laisser épouvanter, firent si bonne contenance, que le Duc, après avoir couru de grands périls et perdu beaucoup de monde, fut contraint de se retirer et même de ne point continuer le siége [1]. Madame Jacqueline avait alors pour principaux alliés les gens d'Utrecht, qui étaient puissans sur la mer. Le Duc fit construire, à Amsterdam, un grand navire, une sorte de forteresse flottante, qu'on nomma le Chat ; on la fit remonter la rivière pour fermer le passage aux vaisseaux d'Utrecht ; et l'on recommença le siége d'Amersfort ; en vain les ennemis tentèrent de prendre ou de détruire cette machine de guerre ; elle résista à toutes leurs attaques. En même temps, aidé des ducs de Gueldre et de Clèves, ses alliés, le duc Philippe poursuivait en Hollande une cruelle guerre, faisant mettre à mort dans chaque ville les gens de l'autre parti, surtout

[1] Meyer. — Chronique de Hollande.

lorsqu'ils avaient, comme cela arrivait souvent, tramé, en son absence, quelque complot pour madame Jacqueline; à Delft surtout, il vengea sévèrement la mort de Jean d'Egmont, que les Hoëks avaient massacré. Mais ce qui abattit le plus ses ennemis, fut la victoire que la flotte des Bourguignons remporta, avec le secours des gens d'Amsterdam, et de Harlem, sur Guillaume de Brederode, amiral de la princesse. Plus de quatre-vingts prisonniers furent condamnés à mort. Il ne resta alors à Jacqueline que Schoonhowen et Goude, où elle s'était renfermée. L'hiver approchait; les affaires de Bourgogne et de France rappelaient le Duc; il laissa son armée sous les ordres du maréchal de l'Isle-Adam et de Lionel de Bournonville, et au mois de décembre 1427 il se rendit à Dijon [1]

Depuis long-temps il jugeait que son autorité n'était pas suffisamment respectée dans cette ville. Des arrêts du parlement de Paris avaient statué, dès le temps de son aïeul le duc Philippe le Hardi, que la disposition

---

[1] Monstrelet. — Meyer.

et ordonnance de la chose publique, ainsi que la police de la ville, lui appartenaient; du moins, ses conseillers le prétendaient ainsi. Cependant, en 1421, une ordonnance de madame la Duchesse douairière, chargée du gouvernement du duché, ayant taxé les vivres et denrées, ainsi que la journée de travail, le maire et les échevins, au lieu de publier cette ordonnance, avaient, pour conserver leurs droits prétendus, rendu une ordonnance pareille, et attribué les amendes des contrevenans, non au Duc, mais à la ville. En 1420, un bourgeois de la ville ayant réclamé contre un passage qu'on prenait, disait-il, sur son terrain, avait obtenu de la justice seigneuriale l'envoi provisoire en possession; les armes du Duc avaient été posées sur la porte du passage, pour marquer le séquestre; le maire et les échevins étaient venus en grande pompe, portant la croix et la bannière, arracher l'écusson, le jeter dans la boue, et rouvrir le passage[1]. En 1419, ils avaient, nonobstant l'appel porté devant

---

[1] Preuves de l'Histoire de Bourgogne.

le Duc, saisi les meubles et la couchette d'un bourgeois débiteur de la ville. On reprochait aussi au maire d'avoir mis en prison divers particuliers, sans s'arrêter à leurs appels, d'avoir exercé sur eux des violences, de les avoir maltraités de sa main, de les avoir retenus aux fers sans communication avec leurs parens et amis. Il y avait même un cordonnier qu'on avait tenu si sévèrement au cachot, qu'on l'avait privé de faire ses dévotions le jour de Pâques. Le maire et les échevins étaient venus une autre fois, en grand tumulte et accompagnés d'une foule de peuple, prendre des pierres et des bois devant la maison de deux officiers du Duc, et tous ceux qui avaient voulu s'y opposer avaient été assaillis par la populace; enfin, et plus récemment, les officiers de la ville avaient donné, à l'exclusion de tous autres, priviléges à certains boulangers de cuire du pain pour fournir les habitans. Le Duc prétendait que de telles ordonnances devaient venir de son autorité ou être approuvées par lui, et en outre il en résultait une cherté dont plainte lui avait été portée.

Ainsi persuadé que son pouvoir avait été

méprisé et outragé, que les maires et échevins avaient follement abusé de la juridiction qui leur avait été octroyée par lui et ses prédécesseurs, le Duc avait, peu de mois avant son retour, remis en sa main la justice de la ville de Dijon, ainsi que les émolumens qui en provenaient.

Outre les affaires intérieures qui le rappelaient en Bourgogne, après une assez longue absence, le duc Philippe avait encore à s'occuper des négociations que son conseil et le duc de Savoie n'avaient point cessé d'entretenir, soit pour maintenir de bonnes relations entre les deux états, soit pour traiter des trêves ou de la paix avec la France. Pour s'assurer plus encore de la bienveillance du duc de Savoie, un secours de cinq cents lances lui avait été donné contre le duc de Milan; par ce moyen il avait reconquis Novarre, et forcé son adversaire à la paix.

Pour les affaires de France, elles étaient en un tel désordre, qu'il était impossible d'arriver à aucun traité [1]. Le connétable, après avoir

[1] Mémoires de Richemont. — Chronique de la Pucelle. — Chronique de Berri.

détruit le sire de Giac, était retourné à son armée : il avait mis une forte garnison à Pontorson, et obtenu quelques avantages sur les Anglais. Mais instruit du mauvais gouvernement du sieur le Camus de Beaulieu, il revint à Poitiers auprès du roi, et se trouva d'accord avec tous les seigneurs pour renverser ce nouveau conseiller. La résolution fut bientôt prise. Le sire de Beaulieu était allé se promener sur sa mule, dans les prairies au bord de la rivière; des gens du maréchal de Boussac vinrent l'assaillir et le tuèrent. Le roi, qui était au château, vit ramener la mule de son conseiller; il sut comment il venait d'être assassiné. Sa colère fut grande d'abord; il ordonna qu'on poursuivît les meurtriers. Mais bientôt on calma son courroux. Le connétable lui donna pour conseiller le sire George de la Trémoille : c'était le fils aîné du fameux sire de la Trémoille mort à la croisade, et le frère de Jean de la Trémoille sire de Jonvelle, qui était au service de Bourgogne; il venait d'épouser Catherine de l'Isle-Bouchard, veuve du sire de Giac, qu'il n'avait pas été des moins ardens à détruire, d'intelligence avec elle, disait-on. Le roi n'était point content qu'on le lui donnât pour conseiller ; le connétable lui représenta que c'était un seigneur bien puissant et en état d'être utile : « Mon cousin, vous me le donnez, repartit le » roi, mais vous vous en repentirez ; je le con- » nais mieux que vous. »

Ceci se passait au commencement de 1427. Le connétable reprit ensuite ses tentatives contre les Anglais. Déjà son frère le duc de Bretagne, voyant que le duc Philippe ne changeait point de parti, commençait à être moins déclaré pour le roi ; il refusa de secourir Pontorson, et la ville fut prise après une longue résistance. Mais peu après les Français obtinrent un notable avantage. Le duc de Bedford avait envoyé ses meilleurs capitaines mettre le siége devant Montargis, avec une armée considérable ; les troupes du roi, réunies à Gien, et commandées par le bâtard d'Orléans et par la Hire, surprirent les Anglais qui se gardaient mal, en tuèrent un grand nombre, et les forcèrent à lever le siége.

Pour pouvoir donner de l'argent aux hommes d'armes et à leurs capitaines, le connétable avait été contraint de mettre ses joyaux en gage. La détresse des finances du roi arrêtait toutes les entreprises qu'on aurait pu faire. Le duc de Bedford, aussitôt après l'échec de Montargis, avait de nouveau porté ses forces vers la Bretagne, qui était presque sans défense. Le duc de Bretagne hésitait déjà depuis quelque temps dans sa fidélité au parti des Français; il acheva son traité avec les Anglais, et jura une seconde fois le traité de Troyes. Son frère n'en demeura pas moins serviteur du roi, et continua à s'efforcer de défendre le royaume; mais bientôt les discordes furent si grandes auprès du roi, qu'il n'y eut pas d'autres affaires. Le sire de la Trémoille n'avait pas mieux réussi à contenter les seigneurs; le comte de Clermont, le comte de la Marche, le maréchal de Boussac, et d'autres, firent inviter le connétable de se joindre à eux pour renverser ce nouveau conseiller [1]. Leur rendez-vous était à Châtelleraut; le sire de la Trémoille leur en fit fermer les portes. Ils se réunirent à Chinon, où habitait madame de Guyenne; les messages

[1] Mémoires de Richemont. — Chronique de Berri. — Chronique de la Pucelle.

et les pourparlers commencèrent; mais la Trémoille ne se fiait à personne et ne cédait en rien. C'était en hiver; les gens d'armes se dispersèrent; les seigneurs se retirèrent chacun dans leurs domaines; le sire de la Trémoille resta le maître. Le connétable fut banni de la cour; Chinon fut surpris par les partisans de la Trémoille; madame de Guyenne, ainsi que son mari, se retira à Parthenay, qui lui avait été légué par le dernier seigneur de cette ville; sa pension lui fut retirée; il y eut défense à tout capitaine de ville ou de forteresse de le recevoir. Au printemps, le comte de Clermont et le comte de la Marche se remirent en campagne, afin de se rendre maîtres du roi. Ils surprirent la ville de Bourges, mais non la forteresse, et firent savoir au connétable qu'il eût à venir à leur aide le plus tôt possible. Mais le roi et la Trémoille se tenaient à Poitiers avec leurs partisans, de sorte qu'il fallait, pour se rendre en Berri, prendre un long détour par le Limousin et l'Auvergne; les princes se virent contraints de traiter; le roi ne voulut pas que le connétable fût compris dans cette paix. La guerre continua entre eux dans le Poitou et la Saintonge.

Telle était la situation des affaires de France. Durant le séjour de quatre mois que le duc Philippe fit en Bourgogne, il reçut des messages du connétable, qui le conjurait sans cesse de faire la paix et d'unir leurs communs efforts pour gouverner le roi. Il prolongea les trêves à la prière du duc de Savoie, se réservant toutefois de fournir des hommes et des subsides aux Anglais; puis, vers le milieu de mai 1428, il reprit la route de ses états de Flandre. En passant par Paris, il n'y voulut point être connu, et y entra sur un petit cheval, et avec si peu d'appareil, que le peuple l'eût pris pour un archer [1], si le régent, qui était allé au-devant de lui, n'eût chevauché à côté, et si la litière de madame la régente n'eût pas été du cortége.

Il ne demeura qu'une semaine à Paris. Déjà il avait écrit à sa noblesse de Flandre qu'il était résolu de terminer cette fois la guerre de Hollande. De grands préparatifs avaient

---

[1] Journal de Paris.

été faits au port de l'Écluse. Il ne fut pas nécessaire d'en faire usage ; la plus grande partie des seigneurs et des communes de Hollande, jugeant la résistance impossible, avaient abandonné le parti de madame Jacqueline. Les gens de Goude, effrayés du siége qu'ils allaient avoir à soutenir, la conjuraient de traiter. D'ailleurs, le duc de Glocester, se soumettant à la sentence du pape, en avait profité pour épouser Alienor de Cohen, que depuis longtemps il avait publiquement pour maîtresse. Madame Jacqueline céda enfin [1]. Il fut convenu qu'elle reconnaissait son cousin le duc de Bourgogne pour héritier direct et légitime de tous ses pays de Hainaut, Hollande, Zélande et Frise : qu'elle l'en créait, dès à présent, gouverneur, avoué et mainbourg : qu'il y mettrait telles garnisons et tels capitaines qu'il lui plairait. Elle s'engageait de plus à ne jamais se marier sans le consentement du Duc, et réserva seulement pour sa nourriture et son entretien les seigneuries d'Ostrevant, de Sud-Beveeland et de la Brille. Le traité fut conclu

[1] Monstrelet. — Meyer. — Chronique de Hollande.

le 3 juillet; le duc Philippe, accompagné des plus illustres seigneurs de sa maison, s'en vint, de concert avec sa cousine, recevoir le serment des nobles et des villes de tous les pays qui passaient sous sa domination. Tous les seigneurs et les habitans étaient loin d'en être contens, car le parti des Hoëks restait nombreux et violent dans sa haine; mais, pour le moment, la chose était sans remède; il fallait se soumettre au plus fort [2].

Tout prospérait au duc de Bourgogne. Après avoir assisté à de grandes fêtes célébrées à Bruxelles, par son cousin le duc de Brabant, où se firent de magnifiques tournois, des danses et des mascarades, il alla prendre encore possession d'un nouveau pays qui venait de lui échoir. En 1421, il avait acheté 132,000 écus le comté de Namur et la seigneurie de Béthune, au comte de Namur. Ce même seigneur, qui était de l'ancienne maison de Flandre, dont l'héritière avait autrefois épousé Philippe le Hardi, n'avait point d'enfans. Du consentement

[1] 1428-1427 (v. s.) L'année commença le 4 avril.
[2] Monstrelet.

des états du pays, il avait vendu son héritage, en s'en réservant la jouissance pour sa vie. Il mourut le 16 mars 1429 [1].

Pendant que tout augmentait ainsi la puissance et la richesse de la Bourgogne, la France était tombée dans la dernière détresse ; la cause du roi Charles semblait désespérée. Les Anglais, profitant des discordes qui divisaient le connétable et le seigneur de la Trémoille, avaient fait venir une nouvelle et forte armée, commandée par le comte de Salisbury. Bientôt toutes les villes et forteresses de la Beauce et de la rive droite de la Loire se rendirent faute de secours. Nogent, Jargeau, Sully, Janville, Beaugency, Marchenoir, Rambouillet, Montpipeau, Thoury, Pithiviers, Rochefort, Chartres, et plus loin même l'importante cité du Mans, tombèrent aux mains des Anglais. Il ne restait plus de ce côté de la rivière que Châteaudun, défendu par le vaillant sire d'Illiers.

Vers la fin de septembre, le comte de Salisbury alla mettre le siége devant Orléans; c'était

[1] Monstrelet. — Meyer. — Histoire généalogique.

une grande et forte ville. Le duc de Bedford n'était point d'avis qu'on tentât une entreprise si hasardeuse [1]. La circonstance semblait pourtant favorable; le roi Charles était réduit à la dernière extrémité. Beaucoup de grands seigneurs et de princes, voyant que de toutes parts ses affaires s'en allaient en ruine, et qu'elles étaient trop mal gouvernées, l'avaient abandonné, ou le servaient entièrement à leur guise [2]. Le connétable, le plus riche, le plus puissant, et peut-être le plus sage de tous, était en guerre avec lui; ses services étaient rejetés, et le sire de la Trémoille eût mieux aimé la perte du royaume [3], que les secours d'un serviteur si hautain et si impérieux. Le maréchal de Severac écrivait aux trois États de Languedoc qu'il mettrait la province à feu et à sang, si le roi ne le payait pas de ce qu'il réclamait [4]. Le comte de Foix, tranchant du souverain, chassait l'évêque de Béziers de son palais épiscopal, et s'y

---

[1] *Acta publica*, tome IV.
[2] Monstrelet.
[3] Mémoires de Richemont.
[4] Histoire de Languedoc.

maintenait contre tous les ordres du roi. René d'Anjou, duc de Bar, frère de la reine, traitait avec les Anglais. Enfin, les plus grands étaient les moins fidèles. Les garnisons se rendaient sans plus se défendre; les sujets les plus dévoués étaient prêts à se livrer au désespoir; des calamités horribles, la misère, la famine, les maladies ravageaient les provinces des bords de la Loire. Il n'y avait plus d'argent ni dans le trésor du roi ni dans la bourse des sujets. « Tant de la pécune du roi que de la mienne, » il n'y avait pas en tout, chez moi, quatre » écus, » racontait Renault de Bouligny, son trésorier [1]. Les dépenses de sa maison étaient réduites au plus exact nécessaire. Il vivait comme le plus simple de ses serviteurs. Un jour que Saintraille et la Hire vinrent le voir, il ne put, dit-on, leur donner, pour tout régal, à leur repas, que deux poulets et une queue de mouton [2].

Au milieu de cette misère, le roi Charles ne

---

[1] Déposition de la dame de Bouligny dans le procès de la Pucelle.

[2] Vigiles de Charles VII.

perdait point courage, ne se laissait point abattre, avait toujours bonne espérance et mettait son recours en Dieu [1]. Il était d'un caractère facile et peu disposé à prendre les choses trop à cœur; doux pour ceux qui l'entouraient, d'un abord affable et caressant; populaire [2], comme sont souvent les princes dans le malheur; n'imputant ses misères à personne, sans méfiance, se faisant aimer de tous; chéri de ses serviteurs, leur pardonnant les torts qu'ils avaient envers lui, et se laissant offenser sans prendre de haine ni de rancune. Aussi, quand les princes et les grands seigneurs le quittaient, ou même s'armaient contre lui dans sa détresse, les simples gentilshommes et le peuple s'empressaient à le vouloir défendre; ils arrivaient du fond des provinces, sans être mandés, pour le servir, même sans exiger d'argent, car il n'en avait pas à donner [3].

On vit bien paraître ce zèle pour le roi et

---

[1] Monstrelet.

[2] Vigiles de Charles VII. — Éloge de Charles VII par un contemporain.

[3] Vigiles de Charles VII.

pour le royaume, et l'horreur que les Français avaient pour le joug de leurs anciens ennemis, lorsque commença le siége d'Orléans. C'était en effet à la défense de cette ville que semblait s'attacher le dernier espoir de la cause royale. Si Orléans était perdu, les Anglais se répandaient au delà de la Loire ; il ne restait plus au roi qu'à s'aller réfugier dans les montagnes de l'Auvergne ou dans le Dauphiné, s'il les pouvait conserver. Chacun parut se résoudre à tenter les derniers efforts pour se préserver d'un tel malheur. Déjà, depuis quelque temps, on s'attendait que ce siége serait entrepris [1]. Le sire de Gaucourt avait été nommé gouverneur : le bâtard d'Orléans, Saintraille, le sire de Guitry, le sire de Villars, et une foule de braves capitaines s'y étaient enfermés. Les habitans n'avaient pas moins bon courage ni moindre envie de se signaler ; ils avaient voulu d'abord se défendre seuls, et ne point recevoir des gens de guerre, craignant d'en être, comme à l'ordinaire, maltraités et pillés ; cependant le danger était si grand qu'il fallait s'y résou-

[1] Journal du siége d'Orléans

dre. Les échevins et procureurs de la ville convoquèrent tous les bourgeois, et ils se taxèrent volontairement; beaucoup donnèrent plus que leur taxe; d'autres prêtèrent de fortes sommes; le chapitre de Sainte-Croix contribua pour deux cents écus. Le faubourg du Portereau, de l'autre côté de la rivière, ne pouvait être défendu; les chefs de guerre craignaient que l'ennemi ne vînt s'y loger : par la volonté et par l'aide des citoyens d'Orléans, il fut aussitôt abattu. Les vignes, les arbres, les jardins, furent rasés à plus d'une lieue à l'entour. C'est ainsi que ces braves habitans se préparèrent à tous les sacrifices et à toutes les souffrances qui allaient tomber sur eux [1]. Et comme la guerre, quelque bonne intention et discipline qu'on y apportât, était néanmoins une occasion de désordre et de licence, on s'en excusa d'avance à Dieu, en faisant de pieuses et solennelles processions où l'on portait toutes les saintes reliques des églises,

Mais ce n'était pas l'affaire des gens d'Orléans seulement; leur ville, depuis que Paris était

---

[1] Journal du siége.

anglais, passait pour le centre du royaume; la plupart des bonnes villes voulurent aussi contribuer à la munir d'argent et de vivres; Bourges, Poitiers, La Rochelle y envoyèrent de fortes sommes. Les députés des trois États, assemblés à Chinon, où le roi était venu pour se rapprocher du siége, accordèrent une aide de quatre cent mille francs, payables par toutes sortes de gens, hormis le clergé, qui accordait son aide à part; les nobles suivant les armes ou ne pouvant plus les porter par vieillesse, maladie ou blessure, les étudians, les ouvriers des monnaies et les mendians furent taxés, afin de secourir Orléans. Les États demandèrent aussi que, durant cette extrémité, le roi mandât, pour le servir, le comte de la Marche, le comte de Clermont, le comte de Foix, le comte d'Armagnac, et d'autres grands seigneurs qui s'étaient retirés chacun chez soi [1].

En même temps, pour encourager les Écossais et en obtenir de nouveaux secours, le roi s'engagea [2], s'il recouvrait son royaume, à

---

[1] Histoire de Languedoc.
[2] Traité du 10 novembre 1428.

céder au roi d'Écosse le comté d'Évreux ou le duché de Berri à son choix. Il fut aussi convenu d'avance que le Dauphin, qui alors avait cinq ans seulement, épouserait la fille du roi d'Écosse.

Le comte de Salisbury vint commencer les attaques devant Orléans le 12 octobre 1428; elles furent vigoureusement repoussées. Il avait d'abord voulu emporter le fort des Tournelles, qui assurait les communications de la ville avec la rive gauche; son projet échoua. Tous les braves chevaliers de France soutinrent l'assaut, et rejetèrent les Anglais dans les fossés à mesure qu'ils gravissaient par leurs échelles. Les bourgeois les secondaient; les femmes apportaient des pierres, faisaient bouillir de l'huile ou rougir du fer pour lancer sur les assaillans. Il fallut cependant se retirer de ce fort; mais un autre de meilleure défense fut construit en arrière, sur le pont même, dans une île de la rivière. Peu après, des secours que le bâtard d'Orléans était allé chercher, arrivèrent. Il amena le maréchal de Boussac, le sire de Chabannes, le sire de Beuil, la Hire, le sire de Valperga chevalier de Lombardie, et un renfort considérable de Français, d'Écossais, d'Italiens, d'Aragonais.

Le comte de Salisbury vit bien alors qu'il s'agissait d'un siége long et difficile; il résolut d'entourer la ville de nombreuses bastilles, et de l'avoir par famine. Comme il était monté sur la tour du fort des Tournelles, pour voir de là toute la ville et son enceinte, un de ses plus courageux capitaines, sir Guillaume Gladesdale, lui dit : « Milord, regardez ici votre » ville, vous la voyez bien à plein. » Tout à coup une pierre, lancée par un canon, vint frapper un des côtés de la fenêtre. Le comte eut l'œil et une partie de la face emportée; sir Thomas Sargrave fut tué de la même pierre [1]. Il fallut transporter à Meung-sur-Loire le général des Anglais. Il manda ses capitaines, leur recommanda de ne se point décourager, de pousser vivement le siége, et mourut huit jours après sa blessure. Cette mort réjouit grandement les Français, et leur sembla une vengeance du ciel exercée contre celui qui avait

---

[1] Monstrelet. — Hollinshed. — Chartier. — Journal du siége.

fait tant de mal au royaume, commis tant de cruautés, permis tant de pillages, profané tant de saintes églises [2]. Elle répandit au contraire la consternation parmi les ennemis; le duc de Bedford perdait l'habile capitaine sur qui reposait toute la conduite de la guerre. En Angleterre, la perte du comte de Salisbury fut regardée comme une calamité publique, une marque de la colère divine, et un présage funeste pour les affaires des Anglais en France [3].

Le comte de Suffolk fut choisi pour commander le siége; il continua à investir la ville. Les habitans brûlèrent tous les faubourgs de la rive droite, comme ils avaient fait du faubourg du Portereau; nombre de riches églises ne furent pas même épargnées, tant les pensées étaient portées uniquement à se bien défendre. Ce fut de la sorte que le siége se prolongea durant tout l'hiver. Des attaques continuelles, de vaillantes sorties, témoignaient l'ardeur des assaillans et l'admirable

---

[1] 1429-1428. (v. s.) L'année commença le 27 mars.
[2] Journal du siége.
[3] *Acta publica*, suppl. Tome IV. — Hollinshed.

constance des assiégés. Une si vaste enceinte, que la Loire rendait encore plus difficile à entourer, ne pouvait être entièrement gardée; des secours en vivres et en munitions de guerre entraient souvent dans la ville; le roi y envoyait autant de renforts qu'il en pouvait réunir. Vers le commencement de janvier, le sire de Culant, amiral de France, y pénétra avec deux cents lances; mais il fallait de plus grands efforts pour sauver la ville. Les habitans et les capitaines envoyaient sans cesse conjurer le roi de ne les point abandonner. Ils obtinrent enfin que le comte de Clermont, à la tête d'une foule d'hommes d'armes de l'Auvergne et du Bourbonnais, et Jean Stuart, avec ses Ecossais, viendraient secourir Orléans [1]. Bientôt le maréchal de la Fayette, Guillaume d'Albret et Guillaume Stuart, arrivèrent avec plus de deux mille hommes, pour s'enfermer avec la garnison.

Précisément dans ce moment le duc de Bedford faisait partir de Paris un grand convoi

---

[1] Monstrelet. — Journal du siége. — Journal de Paris. — Chronique de la Pucelle. Chronique 10297.

de vivres et de munitions que les bourgeois avaient été contraints de fournir, et qu'on avait chargés sur des charrettes, exigées des pauvres gens de la campagne. Le comte de Clermont, avant de s'enfermer dans Orléans, résolut d'empêcher ce convoi d'arriver aux ennemis. Il était à Blois, et marcha, le 12 février, pour lui couper la route de Paris, tandis que la garnison d'Orléans était sortie aussi de son côté, pour venir se joindre à lui. Elle arriva la première près du village de Rouvrai, et peut-être aurait-elle surpris les Anglais en marche et en mauvais ordre de défense, mais il fallait attendre le comte de Clermont. Durant ce délai, le convoi se disposa à soutenir l'attaque. Les chariots formèrent une ligne par derrière, et le front et les flancs furent retranchés avec ces pieux affilés des deux bouts que les Anglais portaient toujours avec eux. Les arbalétriers de Paris et les archers anglais, placés aux deux ailes ainsi fortifiées, étaient difficiles à entamer. Les Écossais formaient l'avant-garde du comte de Clermont. En arrivant, ils s'étonnèrent que l'attaque ne fût pas encore commencée; on avait réglé que les hommes d'armes ne descendraient point de cheval ; cet ordre ne convint pas aux Écossais ; ils refusèrent de s'y soumettre ; eux et leurs capitaines mirent pied à terre. Le bâtard d'Orléans, Saintraille, la Hire et tous ceux de la garnison d'Orléans suivirent cet exemple. Le combat commença avec désordre, sans nulle obéissance. Avant que le comte de Clermont fût à portée de seconder l'attaque, avant que les couleuvrines eussent suffisamment rompu le rempart des ennemis, les Écossais se lancèrent en toute hâte, et vinrent tomber en grand nombre sous les traits serrés des archers anglais couverts par leurs chariots et leurs pieux. Pendant ce temps, les Gascons, qui étaient restés à cheval, se lancèrent à toute course contre les arbalétriers parisiens, mais sans pouvoir pénétrer dans leur enceinte ; ils furent repoussés après un vif combat. Le trouble s'étant mis ainsi parmi l'armée de France, sir Jean Fastolf, capitaine des Anglais, commanda à ses gens de faire une sortie hors de leur enceinte ; alors commença le carnage. Le bâtard d'Orléans avait déjà été blessé, et fut à grand'peine tiré de la presse.

Jean Stuart, connétable des Écossais, et Guillaume son frère, furent tués près l'un de l'autre, avec beaucoup de leurs gens. Les sires de Rochechouart, Guillaume d'Albret, de Chabot et d'autres vaillans chevaliers y périrent aussi. Les attaques des Gascons n'avaient pas mieux réussi; la milice de Paris, sous le commandement de Simon Morhier que les Anglais avaient fait prevôt, avait continué à tenir ferme, bien qu'elle fît de grandes pertes.

Cependant le comte de Clermont était arrivé avec le gros de son armée. Il s'était fait armer chevalier ce jour-là même par le maréchal de la Fayette, et l'on s'attendait qu'il allait faire quelque prouesse pour sauver l'honneur des Français [1]; mais il vit, sans y porter nul secours, la déroute et le carnage. On avait désobéi à ses commandemens, l'attaque avait commencé avant son arrivée, on avait combattu à pied et non point à cheval ainsi qu'il l'avait voulu. Courroucé de ce désordre, il ne se risqua point à en réparer le triste effet; il reprit sa route vers Orléans, où

[1] Monstrelet.

sa conduite fut jugée bien peu honorable par tant de braves gens qui, depuis quatre mois, se défendaient avec un tel courage [1]. Il resta même peu de jours avec eux, et les laissa, leur promettant, pour les apaiser, des secours en vivres et en munitions, qui même n'arrivèrent pas [2].

Cette bataille de Rouvrai, qu'on appela aussi la journée des Harengs, parce que le convoi des Anglais était en grande partie composé de barils de poisson salé, pour nourrir leur armée durant le carême, fut un nouveau sujet de honte et de désespoir pour le royaume. Une armée de huit mille hommes s'était laissé vaincre par quinze cents Anglais, et s'était dispersée devant eux. Ce fut pour le coup qu'on crut tout perdu, et qu'il fut question plus que jamais d'emmener le roi dans les provinces du Midi; la fortune semblait lui être de plus en plus contraire.

De tout le royaume, nuls ne devaient être plus abattus que la garnison et les habitans

---

[1] Journal du siége.
[1] Chronique de la Pucelle.

d'Orléans; ils étaient maintenant livrés, sans espoir de secours, à la puissance toujours croissante des Anglais. Cependant, malgré leur détresse, ils ne purent se résoudre à se livrer aux anciens ennemis de la France; et puisque le roi ne voulait point les sauver, ils cherchèrent du moins à se conserver pour leur seigneur, le duc d'Orléans, prisonnier depuis quinze ans en Angleterre [1]. Déjà lorsque le comte de Salisbury avait passé en France avec son armée, le duc d'Orléans avait demandé que ses domaines fussent exempts de guerre, puisque, n'étant point en France, il ne pouvait aviser à les défendre, ni prendre parti pour ni contre les Anglais. Sa demande avait semblé juste, et le conseil d'Angleterre la lui avait accordée, sauf l'agrément du duc de Bedford; le régent anglais se refusa à ce traité. Le siége commença, et lorsque le comte de Salisbury fut tué, quelques-uns pensèrent que la Providence le punissait pour avoir manqué de parole au duc d'Orléans [2].

[1] Chronique de la Pucelle.
[2] Journal du siége. — Chronique de la Pucelle. — Hume.

Réduits à l'extrémité, les pauvres habitans, sachant combien tout ce qu'il y avait de noblesse en France avait compassion et d'eux et de leur seigneur depuis si long-temps prisonnier, imaginèrent de se confier à un prince qui du moins était sorti du sang de France [1]. Ils envoyèrent en ambassade au duc de Bourgogne, Saintraille, qui connaissait ce prince, et avait fait la guerre en Hainaut parmi ses chevaliers. Avec lui partirent plusieurs des nobles et des bourgeois. Leur commission était de lui offrir de garder la ville entre ses mains, en dépôt, tant que durerait la prison de leur seigneur. Ils trouvèrent le duc de Bourgogne dans son pays de Flandre, au moment où tout lui prospérait, où il venait d'ajouter à ses puissans états les domaines de Hainaut, le comté de Namur et la Hollande. Il leur fit un fort doux accueil, se montra disposé à accueillir leur demande qu'appuya fortement le sire Jean de Luxembourg, et partit aussitôt pour Paris avec eux, afin d'en délibérer avec le régent anglais.

[1] Hollinshed.

Il y arriva le 4 avril; beaucoup de conseils se tinrent à ce sujet, et les propositions du duc Philippe y furent assez mal reçues. Les Anglais représentèrent qu'ils avaient déjà fait de grands frais pour prendre cette ville, que leur plus vaillant capitaine y avait péri avec beaucoup de braves hommes d'armes, qu'elle était prête à se rendre, que nulle ville ne leur était plus importante, et qu'il n'était pas juste, après tant de peines et de périls, de céder les honneurs et le profit à celui qui les recueillait sans coup férir. « Nous ne sommes pas ici, disait un con-
» seiller nommé Raoul le Sage, pour mâcher
» les morceaux au duc de Bourgogne, afin
» qu'il les avale [1]. — Oui, ajoutait le duc de
» Bedford, nous aurons Orléans à notre vo-
» lonté, et nous nous ferons payer de ce que
» nous a coûté ce siége; j'aurais trop de re-
» gret d'avoir battu les buissons pour qu'un
» autre prît les oiseaux [2]. » De tels propos, que ne pouvait ignorer le duc Philippe, l'offensaient et allumaient sa colère. Les An-

[1] Monstrelet.
[2] Chartier.

glais, se croyant maîtres de tout, pensaient peut-être qu'ils n'avaient plus à le ménager, mais lui aussi, maître maintenant du Hainaut et de la Hollande, avait moins de motifs pour les craindre. Il se plaignit. Alors le régent anglais lui reprocha ses pourparlers continuels et ses négociations pour la paix [1]; il lui dit qu'il y avait de la légèreté à prêter ainsi l'oreille aux promesses de celui qui avait tué son père, et qui, sans doute, n'avait d'autre projet que de le circonvenir de même pour le faire périr : que du moins s'efforçait-on de le brouiller avec les Anglais, afin de les détruire l'un après l'autre.

C'est ainsi que les deux princes s'aigrissaient mutuellement, si bien qu'il échappa au duc de Bedford de dire qu'il savait les moyens d'apporter remède à tout ceci, et que le duc de Bourgogne pourrait bien s'en aller en Angleterre boire de la bière plus que son soûl.

On raconte qu'alors le duc Philippe avisa qu'il fallait songer à sa sûreté [2]; il était

---

[1] Monstrelet. — Chronique de la Pucelle.
[2] Gollut.

venu à Paris avec une nombreuse compagnie de ses chevaliers de Bourgogne ; un jour qu'il était chez le duc de Bedford, le sire de Vergi, accompagné d'un grand nombre de gentilshommes, entra la hache d'armes à la main : « Monseigneur, dit-il, il peut faire bon ici ; » mais il fait meilleur en d'autres lieux ; ail- » leurs, vous serez honoré et obéi. Nous vous » conjurons de partir, et de laisser là ces or- » gueilleux recueillir le fruit de leurs bra- » vades. — Est-ce donc votre avis ? reprit le » Duc. — Oui, oui, répondirent-ils tous à » la fois; allons, allons, nous n'avons que » faire de ceux qui n'ont pas affaire de nous. » Pour lors le Duc s'adressant au régent anglais : « Mon cousin, dit-il, vous voyez ce que mes » gentilshommes me conseillent ; il me faut » les croire, et je vous dis adieu. »

Quoi qu'il en soit de ce récit que faisaient encore cent ans après, en Bourgogne, des vieillards qui disaient le tenir de leurs pères, toujours est-il que le duc Philippe, après peu de séjour à Paris, s'en retourna dans son pays, mécontent des Anglais, et qu'il envoya son héraut avec les députés d'Orléans, pour commander à tous ses hommes d'armes et sujets de quitter sur-le-champ l'armée anglaise, et de laisser le siége : ce qu'ils firent joyeusement [1].

Mais les Anglais n'en étaient pas moins forts et nombreux. La ville, toute vaste qu'elle fût, était environnée de bastilles et de boulevarts élevés sur les deux rives, et qui ne laissaient presque aucun moyen de faire entrer dans la ville des munitions et des vivres. Déjà la famine commençait à s'y faire sentir. Le courage des habitans, de la garnison et du vaillant bâtard d'Orléans, se soutenait encore; ils ne voulaient point entendre parler de se rendre aux Anglais. Cependant abandonné et sans secours, il fallait bien qu'Orléans fût enfin forcé; il fallait bien que le roi perdît ce dernier espoir de sa couronne, et se retirât en fugitif dans les provinces du Midi, qui lui restaient encore fidèles.

Tout à coup les choses changèrent miraculeusement. Il courait, depuis un temps, une certaine prophétie qu'on disait même tirée

[1] Journal du siége. — Chronique de la Pucelle.

des livres de l'enchanteur Merlin, et qui annonçait que la France, perdue par une femme, serait sauvée par une femme. Il paraissait bien en effet que la reine Isabelle avait jeté le royaume à sa perte en le livrant aux Anglais; mais qui viendrait le délivrer?

Déjà une femme, nommée Marie d'Avignon, était venue trouver le roi, et avait voulu lui faire de grandes révélations touchant la désolation du royaume. Elle avait eu, disait-elle, beaucoup de visions merveilleuses. Une fois il lui était apparu des armes; et, comme elle éprouvait une grande frayeur, sa vision l'avait assurée que ces armes n'étaient point pour elle, mais bien pour une autre femme, qui finirait les maux de la France [1].

Dans le même temps, il y avait au village de Domremy, sur les marches de la Champagne, de la Bourgogne et de la Lorraine, une jeune fille, nommée Jeanne d'Arc, qui avait aussi, et même depuis long-temps, des visions encore plus surprenantes. C'était la fille d'un

---

[1] Procès de la Pucelle. — Déposition de Jean Bardin, avocat du roi.

pauvre paysan; elle avait été élevée selon son état, mais avec une extrême piété. Sa dévotion et sa sagesse édifiaient tout le canton. Elle était aussi bien bonne Française, et n'aimait point les Bourguignons ni les Anglais; car, dans ces temps de malheur, la discorde divisait même les gens de campagne, et l'on voyait jusqu'aux petits enfans se battre et se meurtrir à coups de pierres, quand ils étaient de deux villages de faction différente [1]. Jeanne, qui n'avait pour lors que dix-sept ou dix-huit ans, n'avait, depuis sa naissance, rien vu autre chose que la misère du pauvre peuple de France, et l'avait toujours entendu imputer aux victoires des Anglais, à la haine des Bourguignons. Souvent, à l'approche de quelques compagnies ennemies, elle avait en grande hâte conduit, dans la forte enceinte d'un château voisin, le troupeau et les chevaux de son père. Une fois même les Bourguignons vinrent piller le village de Domremy, et Jeanne s'en alla avec son père et sa mère se réfugier, durant cinq jours, dans une auberge à Neufchâteau.

[1] Interrogatoire de la Pucelle.

De bonne heure, et vers l'âge de treize ans, ses visions avaient commencé. Elle avait d'abord vu une grande lumière, et entendu une voix qui lui recommanda seulement d'être bonne et sage, et d'aller souvent à l'église. Une autre fois, elle entendit encore la voix, vit encore la clarté, mais il lui apparut aussi des personnages d'un bien noble maintien. L'un d'eux avait des ailes aux épaules, et semblait un sage prud'homme; il lui dit d'aller au secours du roi, et qu'elle lui rendrait tout son royaume.

Elle répondit, assurait-elle, qu'étant une pauvre fille des champs, elle ne saurait ni monter à cheval, ni conduire les hommes d'armes. Mais la voix lui dit d'aller trouver messire de Baudricourt, capitaine en la ville de Vaucouleurs, qui la ferait mener vers le roi, ajoutant que sainte Catherine et sainte Marguerite viendraient l'assister de leurs conseils.

Une troisième fois, elle connut que ce grand personnage était saint Michel. Elle commença à se rassurer et à le croire. Il lui parla encore de la grande pitié que faisait le royaume de

France, lui recommanda d'être bonne et sage enfant, et que Dieu lui aiderait.

Puis les deux saintes lui apparurent, toujours au milieu d'une clarté; elle vit leur tête couronnée de pierreries; elle entendit leur voix, belle, douce et modeste; elle ne remarqua pas si elles avaient des bras ou d'autres membres; toutefois elle disait aussi qu'elle avait embrassé leurs genoux.

Depuis, elle les voyait souvent, et elles lui semblaient parfois très-petites, parfois de grandeur naturelle; mais elle les entendait plus souvent encore, surtout lorsque les cloches sonnaient. Dans ses récits, elle disait toujours : « Ma voix m'a ordonné; mes voix m'ont fait » savoir. » Saint Michel lui apparaissait moins souvent. Pourtant elle assurait que toujours elle avait trois conseillers [1] : l'un était avec elle; l'autre allait et venait; le troisième délibérait avec ceux-là. Quelquefois on pouvait croire qu'elle parlait de la sainte Trinité; car elle appelait son conseil « Messire, le conseil des » messires; » et quand on lui demandait qui

---

[1] Déposition de Daulon, écuyer de la Pucelle.

était Messire, elle disait que c'était Dieu [1].

Du reste, ces visions n'avaient rien de terrible pour Jeanne; elle les désirait plutôt que de les craindre. Dès qu'elle entendait les voix qu'elle avait appris à connaître, elle se mettait à genoux, et se prosternait pour montrer son respect et son obéissance. La présence des saintes l'attendrissait jusqu'aux larmes; et, après leur départ, elle pleurait, regrettant que ses frères de paradis ne l'eussent pas emportée avec eux.

Plus Jeanne avançait dans la jeunesse, et devenait grande fille, plus elle entendait souvent les voix, plus elle avait de visions. Toujours il lui était commandé d'aller en France. Elle était si tourmentée, qu'elle ne pouvait plus durer où elle était.

La prophétie de Merlin était aussi connue dans ces contrées, et l'on ajoutait même que c'était une vierge des marches de la Lorraine, qui devait rétablir la France. Jeanne apprit, par les voix qu'elle entendait, que c'était elle; et, dès lors, elle résolut d'aller trouver le Dau-

[1] Chronique de la Pucelle.

phin. La colère de son père, qui eût mieux aimé la voir noyée que s'en aller avec les gens d'armes, ne pouvait lui faire changer son dessein, car les voix la commandaient. Elle alla donc, avec un de ses oncles, trouver le sire de Baudricourt, à Vaucouleurs; il la croyait folle, et refusa d'abord de la voir, disant qu'il fallait la ramener à son père, pour qu'elle fût bien souffletée. Quand il consentit à la recevoir, elle le reconnut, parmi quelques autres, par l'avertissement des voix, du moins comme elle le raconta. Elle dit qu'elle venait de la part de son seigneur, à qui appartenait le royaume de France, et non pas au Dauphin; mais que ce seigneur voulait bien donner le royaume en garde au Dauphin, et qu'elle le mènerait sacrer. « Qui est ce seigneur? de- » manda le sire de Baudricourt. — Le roi du » ciel, » répondit-elle. Il ne changea point de jugement sur elle, et la renvoya [1].

Cependant elle s'était établie chez un charron à Vaucouleurs, et sa piété faisait l'admi-

[1] Déposition de Bertrand de Poulengi, témoin oculaire.

ration de toute la ville ; elle passait les journées à l'église en ferventes prières; elle se confessait sans cesse; elle communiait fréquemment; elle jeûnait avec austérité, et toujours elle continuait à dire qu'il lui fallait aller vers le noble Dauphin pour le faire sacrer à Reims. Peu à peu tant d'assurance et de sainteté commençait à persuader les gens de la ville et des environs. Le sire de Bandricourt, ébranlé par tout ce qu'il entendait dire, s'en vint voir Jeanne avec le curé; et là, enfermés avec elle, le prêtre, tenant sa sainte étole, l'adjura, si elle était mauvaise, de s'éloigner d'eux. Elle se traîna sur les genoux pour venir adorer la croix ; rien en elle ne témoigna ni crainte ni embarras.

Peu après, un gentilhomme des environs, nommé Jean de Novelompont, la rencontra [1]. « Ah ! que faites-vous ici, ma mie? lui dit-il; » ne faut-il pas se résoudre à voir le roi » chassé et à devenir Anglais? — Ah! dit- » elle, le sire de Baudricourt n'a cure de moi » ni de mes paroles; cependant il faut que

[1] Déposition de Jean de Novelompont.

» je sois devers le roi avant la mi-carême,
» dussé-je user mes jambes jusqu'aux genoux,
» pour m'y rendre en personne; car personne
» au monde, ni roi, ni ducs, ni fille du roi
» d'Écosse, ni aucun autre ne peut relever
» le royaume de France. Il n'y a de secours
» pour lui qu'en moi. Si pourtant j'aime-
» rais mieux rester à filer près de ma pauvre
» mère, car ce n'est pas là mon ouvrage ;
» mais il faut que j'aille, et que je le fasse,
» puisque mon seigneur le veut. — Qui est
» votre seigneur? reprit le gentilhomme. —
» C'est Dieu, » répliqua-t-elle. Le sire de Novelompont se sentit persuadé; il lui jura aussitôt, par sa foi, la main dans la sienne, de la mener au roi, sous la conduite de Dieu.

Un autre gentilhomme des amis du sire de Baudricourt, nommé Bertrand de Poulengi, se laissa aussi toucher, et crut, comme toute la contrée, que cette pauvre fille était conduite par l'esprit du Seigneur. Il résolut de la mener au roi avec le sire de Novelompont, et ils se préparèrent à ce voyage.

La renommée publiait de plus en plus les merveilles de la dévotion de Jeanne et de ses visions, si bien que Charles II duc de Lorraine, se sentant malade et voyant que les médecins ne le guérissaient point, envoya chercher cette sainte fille. Elle lui dit qu'elle n'avait aucune lumière du ciel pour lui rendre la santé; mais comme en toute occasion elle recommandait toujours la sagesse et la crainte de Dieu, elle lui conseilla de mieux vivre avec la duchesse, de la rappeler près de lui et de renvoyer Allizon du May, sa maîtresse, avec laquelle il vivait publiquement. Du reste elle demanda au prince, comme elle faisait à tout le monde, de la faire conduire vers le roi, et promit de dire alors des prières pour sa guérison. Le duc de Lorraine la remercia et lui donna quatre francs.

Quand elle fut de retour à Vaucouleurs, le sire de Baudricourt consentit enfin à l'envoyer au roi. On assura depuis, tant chacun était porté à rendre toute cette histoire plus merveilleuse encore, que ce capitaine s'était laissé persuader seulement, lorsque recevant la nouvelle de la journée des Harengs, il avait eu souvenir que Jeanne, à pareil jour, lui avait dit : « Aujourd'hui le gentil Dauphin a reçu

» près d'Orléans un assez grand dommage. » Mais comme elle partit de Vaucouleurs le matin même de la bataille [1], la chose ne put se passer ainsi. Il paraît au contraire que Robert de Baudricourt céda plus à la voix publique qu'à sa propre conscience.

Dès que les gens de Vaucouleurs surent qu'on allait envoyer Jeanne vers le roi, ils lui fournirent avec grand empressement tout ce qu'il fallait pour l'équiper. Les voix lui avaient ordonné depuis long-temps de prendre un vêtement d'homme pour s'en aller parmi les gens de guerre; on lui en fit faire un avec le chaperon; elle chaussa des houzeaux, et attacha des éperons. On lui acheta un cheval; sire Robert lui donna une épée, puis reçut le serment que Jean de Novelompont et Bertrand de Poulengi firent entre ses mains, de la conduire fidèlement au roi. Tandis que toute la ville en grande émotion s'assemblait pour la voir partir: « Va, lui dit-il, et advienne que pourra [2]. »

[1] 13 février 1429-1428 (v. s.)

[2] Dépositions de Novelompont et de Poulengi. — Interrogatoires de la Pucelle.

Outre les deux gentilshommes qui avaient cru en ses paroles, et qui emmenaient chacun un de leurs serviteurs, elle voyageait encore avec un archer et un messager attaché au service du roi. C'était une entreprise difficile que de traverser un si grand espace de pays parmi les compagnies de Bourguignons, d'Anglais et de brigands qui se répandaient de tout côté. Il fallait s'écarter des chemins fréquentés, prendre gîte dans les hameaux, chercher route à travers les forêts, passer les rivières à gué, durant l'hiver. Jeanne aurait eu peu de souci de telles précautions; elle ne craignait rien; rassurée par ses visions, elle ne doutait pas d'arriver jusqu'au Dauphin. Son seul déplaisir, c'est que ses conducteurs ne lui permettaient point d'entendre chaque jour la messe. Eux, au contraire, ne partageaient guère sa confiance. Souvent ils hésitaient dans la croyance qu'ils devaient ajouter à ses discours. Parfois ils la prenaient pour folle. L'idée leur venait aussi que ce pourrait bien être une sorcière, et alors ils pensaient à la jeter dans quelque carrière. Cependant elle faisait paraître tant de dévotion, tant de modestie, tant de fermeté, que plus ils avançaient dans le voyage, plus ils prenaient de respect pour elle, plus ils la croyaient envoyée de Dieu [1].

Arrivée à Gien, elle se trouva sur terre française; là elle apprit plus en détail les malheurs et les dangers de la ville d'Orléans. Elle dit hautement qu'elle était envoyée de Dieu pour la délivrer, puis faire sacrer le Dauphin. Le bruit de ces paroles se répandit, et vint jeter quelque bonne espérance au cœur des pauvres assiégés.

Les voyageurs ne voulurent point arriver droit auprès du roi à Chinon. Ils s'arrêtèrent au village de Sainte-Catherine-de-Fierbois. Là, Jeanne fit écrire au roi une lettre pour lui dire qu'elle venait de loin à son secours, et qu'elle savait beaucoup de bonnes choses pour lui. L'église de Sainte-Catherine était un saint lieu de pèlerinage; Jeanne s'y rendit, et y passa un long temps de la journée, entendant trois messes l'une après l'autre [2]. Bientôt elle reçut la permission de venir à Chinon. Elle y prit gîte en une hôtellerie, et parut peu

[1] Déposition de Marguerite de la Touroulde.
[2] Interrogatoires de la Pucelle.

après devant des conseillers du roi pour être interrogée ; elle refusa d'abord de répondre à tout autre qu'au roi ; cependant elle finit par dire les choses qu'elle venait accomplir par l'ordre du roi des cieux [1].

Rien ne fut décidé ; beaucoup de conseillers croyaient qu'il ne fallait pas écouter une fille insensée, d'autres disaient que le roi devait pour le moins l'entendre, et envoyer en Lorraine pour avoir des informations. En attendant, elle fut logée au château du Coudray, sous la garde du sire de Gaucourt, grand-maître de la maison du roi.

Là, comme à Vaucouleurs, elle commença à étonner tous ceux qui la voyaient, par ses paroles, par la sainteté de sa vie, par la ferveur de ses prières, durant lesquelles on la voyait souvent verser des larmes. Elle communiait fréquemment, elle jeûnait avec sévérité. Ses discours étaient toujours les mêmes, répétant avec assurance les promesses de ses voix ; au reste simple, douce, modeste et raisonna-

---

[1] Déposition de Simon Charles, président de la chambre des comptes.

ble. Les plus grands seigneurs étaient curieux de venir voir cette merveilleuse fille, et de la faire parler.

Après trois jours de consultation, le roi consentit enfin à la voir. Il en avait peu d'envie; mais on lui représenta que Dieu protégeait sûrement cette fille, puisqu'elle avait pu venir jusqu'à lui par un si long chemin, à travers tant de périls. Ce motif le toucha. D'ailleurs le bâtard d'Orléans et les assiégés avaient déjà envoyé à Chinon pour éclaircir les bruits qui couraient touchant cette pucelle, d'où leur devait venir du secours.

Le roi, pour l'éprouver, ne se montra point d'abord, et se tint un peu à l'écart [1]. Le comte de Vendôme amena Jeanne, qui se présenta bien humblement, comme une pauvre petite bergerette. Cependant elle ne se troubla point; et, bien que le roi ne fût pas si richement vêtu que beaucoup d'autres qui étaient là, ce fut à lui qu'elle vint. Elle s'agenouilla devant lui, embrassa ses genoux. « Ce n'est pas moi

[1] Dépositions du sire de Gaucourt et de Simon Charles.

» qui suis le roi, Jeanne, dit-il en montrant
» un de ses seigneurs : le voilà. — Par mon
» Dieu, gentil prince, reprit-elle, c'est vous, et
» non autre. » Puis elle ajouta : « Très-noble
» seigneur Dauphin, le roi des cieux vous
» mande par moi que vous serez sacré et
» couronné en la ville de Reims, et vous serez
» son lieutenant au royaume de France. »

Le roi, pour lors, la tira à part, et s'entretint avec elle long-temps; il semblait se plaire à ce qu'elle disait, et son visage devenait joyeux en l'écoutant. Il fut raconté que, dans cet entretien, elle avait dit au roi des choses si secrètes, que lui seul et Dieu les pouvaient savoir; elle-même rapporta qu'après avoir répondu à beaucoup de questions, elle avait ajouté : « Je
» te dis, de la part de Messire, que tu es vrai
» héritier de France et fils de roi [1]. » Et il se trouvait précisément que peu auparavant, le roi, accablé de ses chagrins et presque sans espérance, s'était retiré en son oratoire; là, il avait, au fond de son cœur et sans prononcer de paroles, prié Dieu que s'il était véritable hé-

---

[1] Déposition de Frère Pasquerel.

ritier descendu de la noble maison de France, et que le royaume dût justement lui appartenir, il plût à sa divine bonté de le lui garder et défendre : du moins, de lui épargner la prison et la mort, en lui accordant refuge chez les Écossais ou les Espagnols, anciens amis et frères d'armes des rois de France [1].

Un autre incident accrut encore la renommée de Jeanne, et tourna les esprits vers elle. Un cavalier vint à se noyer ; on assura que, peu de momens auparavant, il avait grossièrement insulté Jeanne ; et comme les paroles déshonnêtes qu'il lui adressait étaient mêlées de mauvais juremens : « Ah ! tu renies Dieu, » avait-elle dit, quand tu peux être si proche » de la mort [2]. »

D'ailleurs, la prophétie de Merlin semblait s'appliquer à cette jeune fille : celle qui était destinée à délivrer le royaume devait venir *è nemore canuto* ; et lorsqu'on lui demanda le nom des forêts de son pays, elle dit que

---

[1] Sala, Exemples de hardiesse de plusieurs rois et empereurs. Manuscrit de la Bibliothéque du roi.

[2] Déposition de frère Pasquerel.

tout auprès de Domremy, il y avait le bois Chesnu.

Ainsi, de moment en moment, elle gagnait faveur auprès de tous ; elle avait un visage agréable, une voix douce, un maintien honnête et convenable. Le roi, depuis ce secret qu'elle lui avait dit, l'avait prise en gré, et la faisait appeler souvent pour parler avec elle. Le duc d'Alençon, qui avait payé rançon pour se racheter des Anglais, dont il était prisonnier depuis Verneuil, arriva au premier bruit de la venue miraculeuse de cette pucelle. Il la vit, et l'écouta aussi très-favorablement. On la faisait monter à cheval, et l'on trouvait qu'elle s'y tenait fort bien, avec beaucoup de grâce; on lui fit même courir des lances, et elle y montra de l'adresse. Les serviteurs du roi et les seigneurs étaient donc presque tous d'avis de croire à ses paroles, et de l'envoyer, comme elle le demandait, contre les Anglais. Les députés d'Orléans étaient repartis pleins d'espoir dans les promesses qu'elle leur avait faites.

Mais les conseillers, et surtout le chancelier, n'étaient pas si prompts à ajouter foi à tout ce qu'elle promettait ; c'était chose périlleuse au roi de régler sa conduite sur les discours d'une villageoise que quelques-uns regardaient comme folle[1]. Les Français ne passaient point pour un peuple crédule[2]; cela pouvait donner beaucoup à parler au monde, et jeter un grand ridicule. En outre, et ceci semblait bien plus grave, quelle assurance avait-on que les visions et l'inspiration de cette fille ne vinssent pas du démon, ou de quelque pacte fait avec lui? Pouvait-on encourir ainsi la colère de Dieu, en usant des arts diaboliques[3]?

Pour mieux éclaircir des doutes si graves, le roi s'en alla à Poitiers, et y fit conduire Jeanne. L'Université de cette ville était célèbre; le parlement de Paris y siégeait. C'était un lieu où l'on ne pouvait manquer d'avoir de grandes lumières et de sages conseils. Aussi Jeanne disait-elle en chevauchant pour s'y rendre: « Je sais bien que j'aurai fort à faire » à Poitiers, où l'on me mène; mais Mes-

[1] Edmond Richer.
[2] *De Sibyllâ francicâ*, par un Allemand contemporain.
[3] Monstrelet.

» sire m'aidera ; or, allons-y donc, de par
» Dieu [1]. »

Le roi assembla tous ses conseillers, et leur ordonna de faire venir des maîtres en théologie, des juristes et des gens experts, pour interroger cette fille touchant la foi.

Regnault de Chartres, archevêque de Reims et chancelier de France, manda d'habiles théologiens, et leur enjoignit de rapporter au conseil leur opinion sur la doctrine et les promesses de cette fille : de dire aussi si le roi pouvait licitement accepter ses services [2].

Les docteurs parlèrent à Jeanne avec douceur, mais chacun lui déduisit longuement les raisons qu'il y avait de ne point la croire. Elle répondit à tous sans s'épouvanter. Elle raconta comment une voix lui était apparue : comment, pendant plusieurs années, elle avait eu les mêmes visions et reçu les mêmes ordres de la part du ciel. « Mais, si Dieu veut
» délivrer la France, lui disait-on, il n'a pas
» besoin de gens d'armes. — Eh! mon Dieu,

---

[1] Chronique de la Pucelle.
[2] Déposition de Jean Daulon.

» répliqua-t-elle, les gens d'armes batille-
» ront, et Dieu donnera la victoire. »

« Et quel langage parlent vos voix ? » lui dit avec son accent limousin, frère Séguin qui l'interrogeait plus aigrement que les autres. « Meilleur que le vôtre, » répondit-elle avec un peu de vivacité [1].

« Si vous ne donnez pas d'autre signe pour
» faire croire à vos paroles, ajouta-t-il, le
» roi ne pourra point vous prêter d'hommes
» d'armes, car vous les mettriez en péril. —
» Par mon Dieu, dit-elle, ce n'est pas à Poi-
» tiers que je suis envoyée pour donner des
» signes ; mais conduisez-moi à Orléans avec
» si peu d'hommes d'armes que vous vou-
» drez, et je vous montrerai des signes pour
» me croire. Le signe que je dois donner, c'est
» de faire lever le siége d'Orléans. » Enfin elle ajouta, d'après ses voix, que les Anglais laisseraient ce siége, que le roi serait sacré à Reims, que Paris obéirait au roi, et que le duc d'Orléans reviendrait d'Angleterre.

Rien ne la faisait varier dans ses réponses ;

[1] Déposition de frère Séguin.

c'était toujours la même simplicité et la même assurance. Vainement on multipliait les interrogatoires et les examens ; vainement tous et chacun des docteurs lui expliquaient savamment leurs doutes : « Je ne sais ne A, ne B, » disait-elle ; mais je viens de la part du roi du » ciel, pour faire lever le siége d'Orléans et » conduire le roi à Reims. » Et lorsqu'on lui citait des livres pour prouver qu'on ne la devait pas croire : « Il y a plus au livre de Messire qu'aux vôtres. »

Cependant sa façon dévote de vivre, ses longues prières durant le jour et la nuit, ses jeûnes, ses fréquentes communions ; donnaient de plus en plus une haute idée de sa sainteté. Les deux gentilshommes qui l'avaient amenée, questionnés curieusement par tout le monde, ne tarissaient point dans leurs louanges, et parlaient toujours du miracle de leur périlleux voyage. Les femmes qui allaient la voir en revenaient tout attendries. Des frères mineurs, qu'on avait chargés de se rendre à Vaucouleurs, en rapportèrent les meilleures informations ; chaque jour le clergé et les conseillers se laissaient persuader davantage. Christophe de

Harcourt, évêque de Castres et confesseur du roi, fut des premiers à dire hautement que c'était la fille annoncée par la prophétie.

On consulta aussi un des plus sages et des plus habiles prélats de France, Jacques Gelu, archevêque d'Embrun. Il composa un traité sur les questions qu'on lui présentait [1] ; il montra bien doctement, par des citations de l'Écriture, qu'il n'était point étrange que Dieu s'entremît directement dans les affaires d'un royaume : que Dieu pouvait, pour cela, au lieu de se servir des anges, employer les créatures humaines, et que même des animaux avaient accompli des miracles : qu'il pouvait aussi charger une femme de faire des choses qui sont de l'office des hommes : qu'ainsi il ne fallait point se scandaliser, comme beaucoup semblaient l'être, de voir une femme, contre l'ordre précis du Deutéronome, porter des vêtemens d'hommes : qu'une fille pouvait donc être chargée de commander à des gens de guerre. C'était un mystère, sans doute; mais

[1] *De puellâ aurelianensi* : *Jacobus Gelu* : Manuscrit 6199.

Dieu a souvent dit à des vierges des secrets qu'il a cachés aux hommes, témoin la sainte Vierge et les savantes sibylles. Quant à la crainte de tomber dans un artifice du démon, le prélat convenait qu'on ne peut juger d'où vient le pouvoir d'une personne, que par sa conduite, par ses œuvres et par le bien qu'elle fait. Enfin il ajoutait qu'en ceci il était à propos d'employer toutes les règles de la prudence humaine ; car elle peut et doit être consultée dans toutes les choses qui se font ici-bas par l'ordre de la Providence.

Soit curiosité, soit par la vulgaire croyance que le démon ne pouvait conclure aucun pacte avec une vierge, le roi résolut de s'assurer si Jeanne avait toujours été sage [1] ; pour ne la point offenser, ce fut la reine de Sicile, mère de la reine de France, et la dame de Gaucourt, qui reçurent cette commission ; elles rendirent un témoignage favorable. On sut aussi que Jeanne n'avait point les infirmités attachées à son sexe, ainsi que cela se remarque souvent parmi les femmes qui ont des visions. Enfin les docteurs firent leur rapport au conseil ; ils

[1] Déposition de Jean Daulon, écuyer de la Pucelle.

déclarèrent qu'ils n'avaient vu, su, ni connu en cette pucelle rien qui ne fût conforme à une bonne chrétienne et une vraie catholique : qu'à leur avis c'était une personne très-bonne, et qu'il n'y avait rien que de bon en son fait. Attendu ses réponses si prudentes, qu'elles semblaient inspirées, ses manières, son langage, sa sainte vie, sa louable renommée : attendu aussi le péril imminent de la bonne ville d'Orléans dont les habitans ne devaient attendre secours que de Dieu, les docteurs furent d'opinion que le roi pouvait accepter les services de cette jeune fille. Plusieurs même parlaient d'elle avec une foi plus ardente, et tenaient pour assuré qu'elle venait de la part de Dieu.

La chose ainsi conclue, on donna à Jeanne l'état d'un chef de guerre. Jean sire Daulon, du conseil du roi, un brave et sage chevalier, fut placé près d'elle pour la conduire et la servir comme son écuyer. Dès son arrivée, Louis de Contes avait été mis à son service comme page; un autre jeune gentilhomme fut aussi choisi pour cet emploi. On attacha encore à sa personne deux hérauts, Guyenne et Ambleville. Elle prit pour chapelain un bon religieux nommé frère Pasquerel. Elle eut aussi le nombre suffisant de valets, et autres gens, pour la servir.

Le roi était retourné à Chinon, et le duc d'Alençon était allé à Blois pour préparer le convoi, qui devait essayer d'entrer dans Orléans avec Jeanne. On lui fit faire une armure complète, à la forme de son corps; mais elle dit que, par l'ordre de ses voix, elle voulait une vieille épée marquée de cinq croix, qu'on trouverait dans la chapelle de Sainte-Catherine-de-Fierbois. L'armurier du roi s'y rendit, et on en découvrit en effet une telle qu'elle l'avait demandée, parmi de vieilles armes jadis données à la chapelle, et qui étaient entassées près de l'autel [1]. Comme maintenant on commençait à voir des miracles dans tout ce que faisait la Pucelle, le bruit se répandit que jamais elle n'avait visité ni le village, ni l'église de Sainte-Catherine.

Par le commandement de son conseil céleste, elle fit faire un étendard de couleur

---

[1] Chronique de la Pucelle.

blanche, semé de fleurs de lis, sur lequel était figuré le Sauveur des hommes, assis en son tribunal dans les nuées du ciel, tenant un globe à la main. Deux anges étaient en adoration, et l'un d'eux portait une branche de lis; de l'autre côté, elle avait fait écrire : *Jhesus*, *Maria*. Elle ordonna aussi à son aumônier de faire faire une autre bannière, afin de la porter en procession avec les autres prêtres qui viendraient en la compagnie des gens d'armes.

Vers la fin d'avril, elle se rendit à Blois, où l'on achevait de rassembler des vivres pour en charger le convoi. Le sire de Gaucourt, le chancelier, le maréchal de Boussac, le sire de Raiz de la maison de Laval, et qui, bientôt après, fut aussi maréchal de France; la Hire, Ambroise de Lorré, l'amiral de Culant, en un mot, tous les principaux capitaines du roi, étaient arrivés en cette ville, sur la renommée de la venue de cette miraculeuse pucelle.

Cependant le commun des gens d'armes, qu'on destinait à conduire le convoi, n'avait pas grande confiance dans tout ce qu'on leur disait de cette fille[1]; volontiers ils s'en seraient raillés. Il n'y avait rien alors de si déréglé que les hommes de guerre. Depuis si longtemps qu'on guerroyait et qu'on vivait dans le désordre, ils avaient appris à ne rien respecter. Mais Jeanne n'entendait point que cela se passât ainsi; elle avait horreur du péché et de la mauvaise conduite. Elle ordonna à tous ces gens de guerre de renvoyer les fillettes qu'ils menaient avec eux; elle n'en voulait recevoir aucun dans sa troupe qui ne se fût confessé. Lorsqu'on proférait quelques méchans juremens, elle se fâchait, et ne le pardonnait pas même au brave capitaine la Hire, qui d'habitude jurait et maugréait comme les moindres gens d'armes, dont il avait toutes les façons. Aussi, s'amusant à la courroucer, lui criait-il parfois en tenant le bois de sa lance, « Jeanne, je renie.... mon bâton. » Elle le força même de se confesser[2]. Soir et matin, frère Pasquerel prenait sa bannière et s'en allait par la ville, suivi de tous les prêtres de Blois, chan-

---

[1] Déposition de Louis de Contes.
[2] Déposition de Pierre Compaing, chanoine d'Orléans.

tant des hymnes et des cantiques. Jeanne était au milieu d'eux, priant de tout son cœur, et se mettant sans cesse à genoux.

De si saintes pratiques donnaient à la Pucelle un prodigieux renom dans l'esprit des peuples. Ils souffraient de si grands maux, et depuis si long-temps ils étaient témoins de tant de crimes; chacun avait tellement oublié tous les devoirs envers Dieu et envers le prochain; les riches avaient un luxe si offensant pour la misère des pauvres [1]; ceux-là avaient si peu de respect pour le bien d'autrui; la noblesse était si fort livrée à ses passions; le clergé menait une vie si dissolue; les femmes, et surtout celles de haute lignée, avaient si peu de retenue, et portaient des ajustemens si indécens et si ridicules, qu'on ne savait qui était le plus fort ou du scandale, ou de la calamité. Tous les gens de bien, et même le commun peuple, ne pouvaient donc attribuer de si grands malheurs qu'à la colère de Dieu.

Aussi commençaient à se montrer de saints et éloquens prédicateurs qui blâmaient avec

[1] Monstrelet.

rudesse, et sans ménagement, les vices et les péchés du temps. Plus leurs discours étaient sévères et emportés, plus le peuple se portait en foule pour les entendre.

Il n'y avait pas un an qu'un carme, nommé frère Thomas Connecte, était venu de Bretagne en Flandre, en Artois et en Picardie. Il avait voyagé de ville en ville, en faisant de beaux sermons [1] ; les églises ne suffisaient point à contenir tous ceux qui voulaient l'entendre. On dressait pour lui, sur la grande place, un échafaud orné des plus belles tapisseries ; là, il célébrait la messe, puis faisait ses prédications. Le commun peuple s'y plaisait surtout, parce qu'il n'épargnait personne, et moins encore les gens d'église que les autres. Il était surtout grand ennemi de ces hautes coiffures que portaient alors les nobles dames, et qu'on nommait des *henins* ; même il excitait les petits enfans à poursuivre et à insulter en pleine rue les dames qui n'avaient point quitté cette parure ; cela occasiona d'abord des tumultes dans quelques villes. Cepen-

---

[1] Monstrelet. — Argentré.

dant les plus grandes dames finirent par porter de simples béguins, comme les femmes du petit état, et il se faisait apporter les henins pour les brûler devant tout le monde. Il fallait bien aussi, sous peine d'excommunication, venir livrer au feu les cartes, les dés, les damiers, les échiquiers, les quilles, et les jeux de toute sorte. Du reste, c'était un homme triste, et qui ne se laissait point parler. Hormis aux heures de ses prédications, il vivait seul et renfermé. En peu de temps il fut honoré et exalté comme un apôtre. Nobles, clergé, bourgeois, venaient à sa rencontre. Les plus notables chevaliers tenaient à honneur de marcher à pied devant lui, en conduisant son mulet par la bride. On en vit même, et entr'autres un seigneur d'Antoing, laisser là père, mère, femme, enfans, amis, richesses, pour se faire ses disciples et le suivre partout. Depuis il s'en alla en Italie, et continua à vouloir réformer les moines et le clergé; le pape le fit prendre et juger par l'inquisition; il fut condamné et brûlé comme hérétique.

Mais il y en avait alors un autre, nommé

frère Richard, de l'ordre des cordeliers, disciple de saint Vincent Ferrier, qui avait encore plus grande renommée [1]. Il était venu à Paris au commencement d'avril, et avait prêché presque tous les jours, tantôt dans les églises, tantôt sur un échafaud au cimetière des Innocens; jamais le peuple de Paris ne s'était senti touché d'une si grande dévotion, et l'on disait que frère Richard avait converti plus de pécheurs en un jour, que tous les prédicateurs passés en deux cents ans. Les tables de jeu, les billards, les billes furent jetés au feu. Les femmes des bourgeois accouraient pour faire brûler leurs grands chaperons, soutenus par des pièces de cuir ou de baleine, et les nobles demoiselles leurs coiffures à grandes cornes, d'où pendaient de longs voiles à queue. Il sut même persuader à beaucoup de personnes de toutes sortes de livrer au feu les mandragores qu'elles gardaient précieusement : c'étaient des racines de forme singulière que les sorcières donnaient à ceux qui croyaient à leur méchante science, persuadant à ces gens-là que

[1] Journal de Paris.

tant qu'ils les garderaient, ils seraient en prospérité et richesse. Il y avait de crédules personnes qui, depuis beaucoup d'années, conservaient leur mandragore avec un soin particulier, enveloppée de soie ou de toile de lin, sans pour cela avoir jamais eu un denier de plus; mais elles vivaient en bonne espérance de s'enrichir. Frère Richard leur fit honte et reproche d'avoir foi en de telles ordures. Il faisait aussi de grandes prédictions tirées de l'Apocalypse; enfin il mettait un tel mouvement dans la ville de Paris, que les Anglais en prirent ombrage; ils lui ordonnèrent de s'en aller. Alors il fit son dernier sermon, recommanda le peuple à Dieu, demanda à chacun de prier pour lui, comme aussi il prierait pour tous. Il distribua des pièces d'étain où était gravé le nom de Jésus; il conjura les fidèles de ne pas oublier leurs bonnes résolutions. L'entendant parler ainsi, grands et petits pleuraient à chaudes larmes, comme s'ils eussent vu porter en terre le meilleur de leurs amis. On accorda encore quelques jours aux instances de toute la ville. Il annonça un grand sermon à Montmartre; les Parisiens accoururent de tous les quartiers ; plus de six mille personnes couchèrent dans les masures des environs ou en plein champ, pour avoir de meilleures places ; mais, quand vint le matin, il fut interdit par les Anglais à frère Richard, de faire sa prédication. Il lui fallut partir aussitôt. C'était juste dans le moment où la Pucelle s'apprêtait à secourir Orléans.

Elle partit de Blois avec le convoi, accompagnée des principaux chefs de guerre. Elle eût voulu qu'on se dirigeât tout droit vers Orléans, par la rive droite de la Loire et par la Beauce; c'était de ce côté que les Anglais avaient leurs plus grandes forces, leurs bastilles les mieux fortifiées, leurs boulevarts les mieux assis. Jeanne s'en inquiétait peu; mais les capitaines voulaient plus de prudence, et le bâtard de Dunois avait recommandé qu'on ne risquât point une telle entreprise. Pour contenter la Pucelle, on lui dit qu'on ferait ce qu'elle voulait; puis on passa la rivière pour faire route par la rive gauche et la Sologne. Frère Pasquerel ouvrait la marche, portant sa sainte bannière et chantant le *Veni Creator* et d'autres hymnes, avec les prêtres. Jeanne continuait de faire de sévères réprimandes à tous les gens d'armes, et à les faire confesser; elle communia devant eux en grande cérémonie.

Le troisième jour on arriva vis-à-vis Orléans, et elle fut bien surprise et fâchée de s'apercevoir que la rivière était entre l'armée et la ville. Pour essayer de communiquer avec les assiégés, il fallait remonter un peu au-dessus, car leurs barques ne pouvaient venir prendre les vivres et les munitions sous les bastilles des Anglais. Jeanne voulait qu'on attaquât aussitôt une de celles qui étaient construites au bord de la Loire; mais cela semblait peu raisonnable. Le bâtard d'Orléans, voyant arriver le convoi, traversa dans un petit bateau, pour venir se consulter avec les chefs[1]. « Êtes-» vous le bâtard d'Orléans? dit-elle. — Oui, » reprit-il, et bien joyeux de votre venue. — » C'est vous, ajouta-t-elle, qui avez conseillé de » passer par la Sologne et non par la Beauce, » tout au travers de la puissance des Anglais. » — C'était, répliqua-t-il, le conseil des plus

---

[1] Chronique de la Pucelle. — Dépositions du comte de Dunois et du sire de Gaucourt.

» sages capitaines. — Le conseil de Messire est
» meilleur que le vôtre et que celui des hom-
» mes, reprit Jeanne; c'est le plus sûr et le
» plus sage. Vous avez cru me décevoir, et
» vous êtes déçu vous-même; car je vous
» amène le meilleur secours que reçut jamais
» chevalier ou cité : le secours du roi des cieux,
» donné, non pour l'amour de moi, mais pro-
» cédant purement de Dieu; lequel, à la re-
» quête de saint Louis et de saint Charlema-
» gne, a eu pitié de la ville, et n'a pas voulu
» que les ennemis eussent à la fois le corps
» du duc d'Orléans et sa ville. »

Le Bâtard proposa de suivre la rivière à deux lieues plus haut, jusqu'au château de Checy, qui avait garnison française; là, les barques d'Orléans remonteraient et pourraient être facilement chargées. Mais le vent était contraire; naviguer à la rame était lent et partant fort dangereux. Rien n'inquiétait la Pucelle. Dès le commencement elle avait dit : « Nous
» mettrons les vivres dans Orléans à notre aise,
» et les Anglais ne feront pas semblant de l'em-
» pêcher. » Elle assura que le vent allait changer. Le temps était orageux, la pluie tombait

par torrens; le jour finissait, du moins les Anglais le racontèrent ainsi [1]; et le vent ayant en effet tourné, les barques remontèrent sans être attaquées. Chacun commençait à prendre meilleure espérance aux promesses de Jeanne; tout semblait miracle dans ce qui se faisait sous sa conduite; il y avait même des gens qui voyaient, disaient-ils, croître tout à coup les eaux du fleuve pour hâter le voyage des barques [2]. On y chargea les munitions; la garnison prit les armes, attaqua les Anglais sur la rive droite, pour les occuper de ce côté, et l'entreprise réussit de tous points.

Mais les chefs n'avaient pas l'ordre de conduire leurs gens d'armes dans la ville; ils n'étaient venus que pour garder le convoi, et devaient retourner à Blois, où l'on rassemblait encore plus de gens. Jeanne, à qui on l'avait caché, se montra fort courroucée. Le bâtard d'Orléans et les gens de la ville voulaient absolument qu'elle y entrât; mais elle

---

[1] Hollinshed.
[2] Déposition du comte de Dunois. — Journal du siége. — Chronique de la Pucelle.

disait : « Il me ferait peine de laisser mes
» gens, et je ne le dois pas faire, ils sont
» tous bien confessés, et en leur compagnie
» je ne craindrais pas toute la puissance des
» Anglais. » Enfin elle céda aux prières des
gens d'Orléans, et aux promesses que lui firent
les capitaines, de venir au plus tôt, en grande
force, pour secourir la ville ; mais elle voulut que son confesseur et les prêtres reprissent
la même route avec ses gens pour les maintenir en sainte disposition, et les accompagner quand ils reviendraient à Orléans. Puis
elle y entra avec la Hire et deux cents lances.
Le maréchal de Boussac ne la voulut point
quitter qu'elle ne fût dans la ville et en
sûreté.

Elle fit son entrée, tout armée, montée
sur un cheval blanc, ayant à sa gauche le
bâtard d'Orléans, et suivie de tous les vaillans seigneurs de sa suite et de la garnison. Le
peuple, les gens de guerre, les femmes, les
enfans, se pressaient autour d'elle, tous se
tenaient pour délivrés et arrivés à la fin de
leurs maux et de leurs périls ; ils se sentaient
tout réconfortés et comme désassiégés par la

vertu divine qu'on leur avait dit être en cette simple pucelle. Il semblait qu'ils vissent un ange de Dieu, ou Dieu lui-même descendu parmi eux [1]. Sa bannière sainte, son armure, son adresse à manier son cheval, tout paraissait merveilleux ; chacun voulait toucher ou ses vêtemens, ou son étendard, ou son cheval. Pour elle, elle répondait doucement, en exhortant le peuple à honorer Dieu et à espérer d'être délivré par lui de la fureur des ennemis [2]. Elle commença par aller à l'église chanter un *Te Deum* ; puis on la logea chez un des principaux bourgeois, dont la femme était des plus vertueuses de la ville ; elle refusa le souper splendide qu'on lui avait préparé, et trempa frugalement quelques tranches de pain dans de l'eau et du vin. Les Orléanais n'avaient plus un autre entretien que les paroles et les actions de Jeanne.

Parmi les Anglais, les esprits n'étaient pas moins occupés de cette fille merveilleuse. De-

---

[1] Journal du siége.

[2] Dépositions de l'Huillier et l'Esbahi, bourgeois d'Orléans.

puis deux mois qu'elle était arrivée près du roi de France, la renommée avait répandu partout le bruit de ses promesses. Les récits allaient se grossissant de proche en proche; les étrangers qui se trouvaient en France en écrivaient dans leur pays [1]. On disait surtout qu'elle était douée du don de prophétie, que le roi et son conseil en avaient eu des preuves. On savait que ce n'était point légèrement qu'elle avait été admise, et seulement après de grands doutes et beaucoup d'examens. L'idée que tout allait changer en France, et que Dieu, après avoir rudement châtié le royaume pour les péchés qui s'y commettaient, allait enfin le prendre en pitié, se répandait dans la chrétienté.

D'ailleurs Jeanne, dès le temps qu'elle était à Poitiers, avait dicté une lettre pour les chefs anglais, puis la leur avait envoyée de Blois. Telle était cette lettre :

---

[1] Lettre du seigneur Rotslaer de Lyon, 22 avril 1429. — Journal de Paris. — Monstrelet. — Henri de Gorcum. — *Sibylla francica*. — Amelgard. — Saint-Remi.

JHESUS MARIA.

« Roi d'Angleterre, et vous, duc de Bedford, qui vous dites régent le royaume de France; vous Guillaume de la Poule comte de Sulford, Jehan sire de Talbot, et vous Thomas sire de Scales, qui vous dites lieutenant dudit duc de Bedford, faites raison au roi du ciel; rendez à la Pucelle, qui est ici envoyée de par Dieu le roi du ciel, les clefs des bonnes villes que vous avez prises et violées en France. Elle est ici venue de par Dieu, pour réclamer le sang royal. Elle est toute prête de faire paix si vous lui voulez faire raison; par ainsi que vous laisserez là la France, et paierez ce que vous y avez pris. Et entre vous, archers, compagnons de guerre, gentilshommes ou autres, qui êtes devant la ville d'Orléans, allez-vous-en en votre pays, de par Dieu. Et si ainsi ne le faites, attendez nouvelles de la Pucelle, qui vous ira voir bien fièrement, à votre grand dommage. Roi d'Angleterre, si ainsi ne le faites pas, je suis chef de guerre, et en quelque lieu que j'atteindrai vos gens en France, je les en ferai aller, qu'ils le veuillent ou non. Et s'ils ne veulent obéir, je les ferai tous occire. Je suis ici envoyée de par le roi du ciel, pour vous bouter hors de toute France; et s'ils veulent obéir, je les prendrai à merci; et n'ayez point en votre opinion que vous tiendrez le royaume de Dieu, le roi du ciel, fils de sainte Marie; ains le tiendra le roi Charles, le vrai héritier, car Dieu le roi du ciel le veut. Et cela lui est révélé par la Pucelle, et il entrera dans Paris avec bonne compagnie. Si vous ne voulez croire les nouvelles de par Dieu et la Pucelle, en quelque lieu que nous vous trouverons, nous frapperons tout à travers, et ferons un si grand hahay, qu'il n'y en a pas eu un si grand en France, depuis mille ans, si vous ne faites raison. Et croyez fermement que le roi du ciel enverra plus de force à la Pucelle que vous ne sauriez en mener à tous vos assauts contre elle et ses bons gens d'armes; et aux horions, l'on verra qui a meilleur droit. Vous, duc de Bedford, la Pucelle vous prie que vous ne vous fassiez point détruire; si vous lui faites raison, vous pouvez venir en sa compagnie, où les Français feront le plus beau fait qui oncques fut fait pour la chrétienté, et faites réponse si vous voulez faire la paix en la cité d'Orléans : et si vous ne la faites, de vos biens grands dommages ; il vous souviendra brièvement. Écrit ce samedi de la semaine sainte. »

Entrée dans Orléans, elle prit soin d'envoyer encore signifier une lettre pareille aux chefs anglais; ils s'en montrèrent fort courroucés; ils dirent de grandes injures de la Pucelle, l'appelèrent ribaude et vachère [1], menacèrent de la brûler, s'ils la tenaient; leur colère était même si grande, qu'ils retinrent un des hérauts, et voulaient le condamner au feu comme hérétique. Cependant ils en écrivirent auparavant à l'Université de Paris [2].

Si les chefs étaient troublés de la sorte, il est à croire que les simples gens d'armes et les archers avaient l'esprit encore plus ému de tout ce qui se passait. Déjà une des prophéties de la Pucelle venait de s'accomplir : les vivres étaient

---

[1] Journal du siége. — Chronique de la Pucelle.
[2] Chartier. — Chronique de Berri.

entrés à Orléans, et même sans combat, au moment où il importait si fort de l'empêcher, car la famine commençait à être assez cruelle dans la ville. Pourquoi n'avait-on pas même essayé d'arrêter les bateaux qui deux fois avaient passé à un trait d'arc des bastilles anglaises [1] ? cela n'était-il pas merveilleux ? En outre, il y avait déjà sept mois que le siége durait; il s'était dès le commencement élevé des doutes parmi les Anglais sur l'issue de cette entreprise difficile. Leur capitaine le comte de Salisbury y avait péri; les Bourguignons, les Picards, les Flamands venaient de se retirer en nombre assez grand. On commençait à remarquer quelque ennui et quelque abattement parmi les gens de siége. D'ailleurs ces archers des communes d'Angleterre, qui étaient les meilleurs du monde, et qui avaient fait gagner tant de grandes batailles, valaient toujours mieux dans les premiers temps de leur service [2]. Ils savaient mal supporter la misère et les fatigues de la guerre; il leur fallait être bien nourris [3].

[1] Journal de Paris.

[2] Philippe de Comines.

[3] Shakspeare.

Plus ils allaient, moins ils obéissaient à leurs capitaines; surtout ils se gardaient fort mal, comme on avait déjà vu au siége de Montargis [1].

Lorsque Jeanne sut qu'on retenait Guyenne, son héraut, elle voulut renvoyer Ambleville pour redemander son compagnon; et comme il avait peur [2]; « En mon Dieu, ils ne feront, » disait-elle, aucun mal à toi ni à lui; tu » diras à Talbot qu'il s'arme, et je m'arme- » rai aussi : qu'il se trouve devant la ville; » s'il me peut prendre, qu'il me fasse brûler; » si je le déconfis, qu'il lève le siége, et que les » Anglais s'en aillent dans leur pays. » Tout cela ne rassurait pas Ambleville; mais le Bâtard le chargea de dire que les prisonniers anglais et les hérauts envoyés pour traiter des rançons répondaient de ce qui serait fait aux hérauts de la Pucelle. De la sorte, Guyenne fut renvoyé.

Dès le lendemain de son arrivée, Jeanne avait voulu que, sans plus attendre, on allât attaquer les Anglais. La Hire et le brave sire

---

[1] Hollinshed.
[2] Chronique de la Pucelle. — Déposition de l'Esbahi.

d'Illiers étaient assez de cet avis; le Bâtard et les autres capitaines ne pensaient nullement que ce fût une chose à entreprendre. Ils concertaient leurs projets avec plus de prudence. Un secours considérable devait être envoyé de Blois, et une portion de toutes les garnisons françaises des environs avait ordre de venir se réunir à Orléans. Mais Jeanne, qui obéissait à ses voix, et qui croyait que le roi l'avait fait maîtresse de l'armée,[1] ne cédait pas facilement. Le sire de Gamaches, irrité de ce ton de commandement et de la soumission qu'on lui montrait, ne put se contenir[1] : « Puisqu'on écoute, dit-il, » l'avis d'une péronnelle de bas lieu, mieux que » celui d'un chevalier tel que je suis, je ne me » rebifferai plus contre; en temps et lieu ce » sera ma bonne épée qui parlera, et peut-être » y périrai-je, mais le roi et mon honneur le » veulent; désormais je défais ma bannière, et » je ne suis plus qu'un pauvre écuyer. J'aime » mieux avoir pour maître un noble homme, » qu'une fille qui, auparavant, a peut-être été je » ne sais quoi. » Ployant sa bannière, il la remit au Bâtard.

[1] Vie de Guillaume de Gamaches.

Celui-ci n'était point de l'avis de Jeanne, mais il voyait qu'elle était fort à ménager, et mettait bonne espérance en elle [1]. Il s'employa à apaiser elle et le seigneur de Gamaches. Ils s'embrassèrent fort en rechignant, et l'on fit enfin entendre raison à Jeanne. Elle consentit à remettre l'attaque; le Bâtard et le sire Daulon promirent de se rendre à Blois, pour hâter le départ des renforts. Dès le lendemain, elle alla avec la Hire et une bonne partie de la garnison les escorter sur la route de Blois. Les Anglais les laissèrent passer; ils n'attaquaient plus, et ne faisaient que se défendre dans leurs bastilles contre les escarmouches des gens d'Orléans.

La Pucelle avait voulu répéter de vive voix aux ennemis les avertissemens de sa lettre; montant sur un des boulevarts des assiégés, en face de la bastille anglaise des Tournelles, à portée de la voix, elle leur avait commandé de s'en aller, sinon il leur en adviendrait malheur et honte. C'était sire Guillaume Glades-

---

[1] Dépositions de Louis de Contes, de Jean Daulon, du comte de Dunois.

dale, que les Français nommaient Glacidas, qui commandait en ce lieu [1]. Lui et le bâtard de Granville ne répondirent que par les plus vilaines injures, renvoyant Jeanne à garder ses vaches, et traitant les Français de mécréans. « Vous mentez, s'écria-t-elle, et malgré vous » bientôt vous partirez d'ici ; une grande part » de vos gens seront tués ; mais vous, vous ne » le verrez pas [2]. »

Pendant qu'on attendait les secours de Blois, et que les hommes des garnisons de Montargis, de Gien, de Château-Regnard et autres forteresses arrivaient à Orléans, Jeanne, pour contenter le peuple qui ne pouvait se lasser de la voir [3], et qui eût presque forcé la porte de son logis, se promena plusieurs fois par la ville. Du reste, c'était toujours la même piété, la même modestie ; toujours de longues prières à l'église, qui la jetaient dans les larmes ; toujours le nom de Notre-Dame et de Dieu à la bouche ; toujours le même courroux contre les

---

[1] Journal du siége.
[2] Journal de Paris.
[3] Journal du siége.

gens de mauvaise conduite, ou qui juraient par blasphème; toujours la même assurance dans les promesses qu'elle faisait au nom de Messire.

Le bâtard d'Orléans avait sagement fait de venir à Blois, car les conseillers et surtout le chancelier délibéraient tout de nouveau pour savoir si l'on ferait une autre entreprise sur Orléans. Le Bâtard et les autres représentèrent que tout était perdu, si on laissait se rompre la compagnie des gens d'armes qu'on avait assemblés à Blois. Sur ses prières et ses assurances, on se résolut à envoyer le convoi par la Beauce; il était plus fort que l'autre fois, et la garnison d'Orléans pouvait aussi le seconder mieux [1].

Dès qu'on sut qu'il arrivait, la Pucelle, à la tête de ceux de la ville, avec la Hire, d'Illiers et d'autres chevaliers, s'en alla au-devant du bâtard d'Orléans, du sire de Raiz, du maréchal de Boussac. Les uns et les autres passèrent entre les bastilles des Anglais, qui ne bougè-

---

[1] Chronique de la Pucelle. — Dépositions de Dunois et de Daulon. — Chartier.

rent point. Le comte de Suffolk, inquiet de voir ses gens troublés par l'idée du miracle de la Pucelle, ne voulait point se risquer[1]. De même qu'on avait vu, peu auparavant, huit cents Français ne pas oser attendre deux cents Anglais, maintenant quelques centaines de Français tenaient enfermée dans les bastilles toute la puissance des Anglais. Et plus le comte de Suffolk et les chefs anglais évitaient le choc, plus leurs hommes s'épouvantaient de la Pucelle. Le convoi de Blois entra donc dans la ville, précédé de frère Pasquerel et de la procession des prêtres.

Dès le jour même, le Bâtard vint visiter Jeanne, et lui dit qu'il avait su en route que Fastolf, celui qui avait gagné la journée des Harengs, allait venir pour conduire aux ennemis du renfort et des vivres ; elle en sembla toute réjouie[2] : « Bâtard, Bâtard, s'écria-t-elle, » au nom de Dieu, je te commande, sitôt que » tu sauras la venue de ce Fascot, de me le » dire ; car, s'il passe sans que je le sache, je te

---

[1] Hume. — Déposition du comte de Dunois.
[2] Déposition de Daulon.

» promets que je te ferai couper la tête. » Le bâtard d'Orléans l'assura bien qu'elle le saurait.

La journée avait été fatigante ; Jeanne se jeta sur son lit, et voulut dormir ; mais elle était agitée. Tout à coup elle dit au sire Daulon, son écuyer : « Mon conseil m'a dit d'aller » contre les Anglais ; mais je ne sais si c'est » contre leurs bastilles, ou contre ce Fascot. » Il me faut armer. » Le sire Daulon commença à l'armer[1] ; pendant ce temps-là elle entendit grand bruit dans la rue : on criait que les ennemis faisaient en cet instant grand dommage aux Français. « Mon Dieu, dit-elle[2], le » sang de nos gens coule par terre ! Pourquoi » ne m'a-t-on pas éveillée plus tôt ? Ah ! c'est » mal fait.... Mes armes, mes armes !.... mon » cheval ! » Laissant là son écuyer, qui n'était pas encore armé, elle descendit ; son page était sur la porte à s'amuser : « Ah ! méchant » garçon, dit-elle, qui ne m'êtes point venu » dire que le sang de France est répandu !

---

[1] Déposition de Daulon.
[2] Déposition de frère Pasquerel.

» Allons vite, mon cheval ! » On le lui amena ; elle se fit donner, par la fenêtre, sa bannière qu'elle avait laissée ; sans rien attendre, elle partit, et arriva au plus vite à la porte Bourgogne, d'où semblait venir le bruit. Comme elle y arrivait, elle vit porter un des gens de la ville, qu'on ramenait tout blessé. « Hélas !
» dit-elle, je n'ai jamais vu le sang d'un Fran-
» çais, sans que les cheveux se dressent sur ma
» tête[1] ! »

Encouragés par l'entrée du convoi et par la contenance timide des Anglais, quelques hommes d'armes, sans consulter les chefs, avaient, comme cela était assez la coutume, fait une sortie et poussé jusqu'à la bastille Saint-Loup, la plus forte qu'eussent les Anglais du côté du levant. L'assaut avait été fier et merveilleusement rude ; le premier boulevart était emporté, mais les assaillans étaient en trop petit nombre, et ils étaient obligés de prendre la fuite[2]. Pour lors arrivèrent la Pucelle, le Bâtard et une foule d'hommes d'armes. Jamais, depuis le

[1] Déposition de Daulon.
[2] Chronique de la Pucelle. — Journal du siége.

commencement du siége, il n'y avait eu autant de gens pour défendre Orléans. A la vue de la Pucelle et d'un si puissant secours, les Français poussèrent des cris de joie, et retournèrent à l'assaut. Le capitaine anglais, nommé sir Thomas Guerrard, se trouvait absent[1]. Néanmoins la bastille fut vaillamment défendue pendant près de trois heures. Talbot et les autres chefs anglais voulurent la secourir; mais il y avait des sentinelles sur les clochers, et le beffroi avertissait de tous les mouvemens de l'ennemi; ainsi les gens de la ville pouvaient toujours arriver les premiers vers le lieu où se portaient les Anglais. Talbot trouva le maréchal de Boussac, le sire de Graville, le baron de Coulonges et bien d'autres chevaliers, écuyers, gens de guerre et bourgeois de la ville, en bataille devant lui. Il n'osa point attaquer, et retourna plein de tristesse et de courroux vers les boulevarts du couchant, où il tenait ses quartiers. Bientôt après, la bastille Saint-Loup fut emportée. Presque tous les Anglais qui la défendaient périrent; on ne fit point de prisonniers;

[1] Chronique de Berri.

tout fut passé au fil de l'épée. Jeanne était bien triste de voir tant de gens mourir sans confession ; elle en sauva quelques-uns qui s'étaient déguisés en prêtres, ayant pris des robes dans l'église Saint-Loup [1].

Cette journée était bien grande pour la gloire de la Pucelle ; elle avait combattu avec un courage aussi ferme que les meilleurs chevaliers. Aucun péril ne l'avait effrayée ni même étonnée ; mais ce n'était pas encore le plus grand sujet d'admiration. « Ses voix l'ont » miraculeusement éveillée, disait-on, et » lui ont appris qu'il y avait un combat ; puis » elle a trouvé, seule et sans guide, le che- » min de la porte Bourgogne. » On ajoutait qu'aussitôt après sa venue, pas un Français n'avait reçu de blessure. De tels discours se répandaient de là chez les Anglais, et les tenaient ébahis et épouvantés, si bien que leurs capitaines ne savaient que faire ni que résoudre [2].

Le lendemain était le jour de l'Ascension ;

---

[1] Déposition de Louis de Contes et de frère Pasquerel. — Chronique de la Pucelle.

[2] Monstrelet.

on ne voulut point sortir à cause de la sainteté de la fête. Les chefs de l'armée tinrent un grand conseil; la Pucelle n'en était point. On résolut d'assaillir, mais seulement par feinte, les fortes bastilles de la rive droite, et d'aller, lorsque les Anglais seraient occupés de ce côté, attaquer les bastilles de la rive gauche. Il semblait, en effet, très-essentiel d'établir une communication libre avec les pays de l'obéissance du roi. Jeanne fut ensuite appelée; on lui dit qu'il était arrêté d'aller contre les grandes bastilles, au couchant de la ville; c'était ce qu'elle-même avait demandé auparavant, mais elle vit bien qu'on lui cachait quelque chose. « Dites ce que vous avez » conclu, répondit-elle avec courroux; je saurai » garder ce secret et de plus grands. » Alors le Bâtard tâcha de l'apaiser; il lui dit qu'on lui avait bien déclaré la vérité, mais que si les Anglais dégarnissaient la rive gauche, alors on passerait la rivière pour attaquer de ce côté [1]. Elle fut contente de ce projet; tout

[1] Chronique de la Pucelle. — Chartier. — Daulon. — Journal du siége.

fut préparé; elle recommanda, plus que jamais, qu'aucun homme d'armes n'eût l'audace de venir à l'attaque sans s'être confessé. Elle donna l'exemple elle-même, et reçut la communion.

Puis elle voulut avertir encore les Anglais, et alla près de leurs boulevards, où un archer, par ses ordres, lança une flèche qui portait une troisième copie de sa lettre. « Lisez, » leur criat-elle. Ce fut pour eux une occasion de lui adresser, de toute leur voix, des injures si cruelles et si offensantes, qu'elle ne put s'empêcher de pleurer. « Ah! dit-elle, Messire, le roi des cieux voit que ce ne sont que menteries. » Et bientôt après, elle ajouta qu'elle se sentait consolée, car elle venait d'avoir des nouvelles de son Seigneur.

Le lendemain, de bonne heure, la Pucelle et les principaux chefs passèrent en bateau jusque dans une petite île, proche de la rive gauche. On mit ensuite deux bateaux en travers pour servir de pont sur le dernier bras de la rivière. Les Anglais avaient quatre bastilles de ce côté : Saint-Jean-le-Blanc, les Augustins, les Tournelles, qui était la plus forte, et Saint-

Privé. Les frayeurs de leurs gens étaient si grandes, qu'ils commencèrent, au lieu de défendre le passage, à quitter la bastille Saint-Jean, ne la trouvant pas assez forte, et se retirèrent aux Augustins et aux Tournelles.

Les capitaines de France, contens de cet avantage, craignant toujours pour la rive droite, et ne se voyant pas assez nombreux pour attaquer les Augustins, résolurent de revenir. Les Anglais, encouragés par cette retraite, sortirent en poussant de grands cris, et injuriant la Pucelle; elle était déjà rentrée dans l'île [1]. Voyant le danger des Français, qui revenaient en désordre, elle traversa avec la Hire, dans une petite barque, en traînant leurs chevaux par la bride. « Ah! mon Dieu, » dit-elle, courons sur les Anglais. » Ils couchèrent leurs lances, et tout des premiers s'en allèrent frapper à travers les ennemis; ceux-ci épouvantés prirent la fuite honteusement. Bientôt le sire de Raiz et beaucoup

---

[1] Journal du siége. — Chronique de la Pucelle. — Dépositions de Daulon, de Louis de Contes, de Simon Beaunois, de Termes.

d'autres arrivèrent; on poussa jusqu'aux palissades de la bastille anglaise ; c'était à qui marcherait le plus tôt avec la Pucelle. Le sire Daulon, et un Espagnol nommé le sire de Partada, avaient été commis à la garde du pont de bateaux. Un homme d'armes vint à passer ; ils voulurent qu'il restât avec eux pour défendre ce passage, si important en cas de retraite [1]. L'autre répondit avec dédain « qu'il » n'en ferait rien. — D'aussi vaillans que » vous y demeurent bien, reprit l'Espagnol. » — Mais non pas moi, » répliqua le chevalier. La querelle s'engagea, si bien qu'ils se défièrent à qui se montrerait plus vaillant à l'attaque de la bastille. Se prenant par la main, ils coururent alors de toutes leurs forces jusqu'à l'assaut. Daulon les suivit, et le pont ne fut plus gardé par personne. Un grand et fort Anglais défendait un des passages des palissades. Daulon alla appeler un fameux canonnier, maître Jean, du pays de Lorraine, qui avait fait grand mal aux Anglais durant tout le siége. Il ajusta cet Anglais, et du premier coup

[1] Déposition de Daulon.

le jeta mort par terre. Le sire de Partada et son compagnon forcèrent la palissade; tout le monde les suivit; la bastille fut prise, et presque tous les Anglais tués. De peur que le pillage ne détournât ses gens, la Pucelle fit mettre le feu à la bastille. On passa la nuit sur la rive gauche. La Pucelle avait été un peu blessée au pied ; elle avait jeûné tout le jour, parce que c'était vendredi, et ne voulait cependant point rentrer en la ville, ni laisser ses gens en péril. Elle y consentit enfin [2].

Cependant rien ne se faisait et ne s'exécutait selon ce que les capitaines avaient conclu dans leur conseil [2]. Toute l'attaque se portait sur la rive gauche, et l'on ne tentait rien contre la plus grande puissance des Anglais, qui se trouvait de l'autre côté. La nuit même ils retirèrent leurs gens de la bastille Saint-Privé, pour se renforcer encore davantage sur la rive droite. Alors, dans un esprit de pru-

---

[1] Chronique de la Pucelle. — Déposition de Louis de Contes.

[2] Chartier.

dence, il fut résolu, par les chefs français, sinon d'attendre de nouveaux renforts qui maintenant arriveraient sans obstacle, du moins de ne plus laisser toute la ville se dégarnir, et rester sans défense contre les Anglais, tandis qu'on assaillirait les Tournelles [1].

Mais la Pucelle disait : « Vous avez été à
» votre conseil, et j'ai été au mien. Croyez
» que le conseil de Messire tiendra, et que
» celui des hommes périra. Qu'on se tienne
» prêt de bonne heure, j'aurai demain beau-
» coup à faire, plus que je n'ai eu jusqu'à
» présent. Il sortira du sang de mon corps,
» je serai blessée [2]. »

Le sire de Gaucourt, gouverneur de la ville, et tous les capitaines du roi, qui étaient restés, résolurent de ne point céder à la volonté de Jeanne, et de ne point lui laisser emmener, comme elle le voulait, de l'autre côté de la rivière, tous les gens de la garnison et l'artillerie. Mais elle avait pour elle les

[1] Déposition de frère Pasquerel.
[2] Chronique de la Pucelle. — Dépositions de Louis de Contes et de Simon Charles, d'après le sire de Gaucourt.

bourgeois et le peuple. On fit tout ce qu'on put pour la retenir. Son hôte, trésorier du duc d'Orléans, lui disait : « Jeanne, restez à dî-
» ner avec nous pour manger cette alose
» qu'on vient d'apporter. — Gardez-la pour
» souper, reprit-elle; je reviendrai ce soir,
» en repassant sur le pont de la ville, et
» vous ramenerai quelque goddem, pour en
» manger sa part. » Elle partit, mais le sire de Gaucourt avait fait fermer la porte Bourgogne, par où il fallait sortir, et avec quelques hommes d'armes se tenait devant pour empêcher le passage. Le peuple et même les gens d'armes, émus par les paroles de la Pucelle, s'étaient assemblés en tumulte, et demandaient avec menaces qu'on ouvrît la porte. « Vous êtes un méchant homme, cria la Pu-
» celle au gouverneur ; mais, que vous le
» veuilliez ou non, les gens d'armes vien-
» dront et gagneront aujourd'hui, comme ils
» ont déjà gagné. » Tout le monde se jeta sur le sire de Gaucourt et sur sa suite; il y faillit périr. La Pucelle sortit, emmenant une foule avec elle. Durant ce temps, les bourgeois s'apprêtaient aussi à attaquer la bastille

des Tournelles par la rivière, en se servant des arches rompues du pont. Cette bastille, merveilleusement forte, était établie sur le bout du pont; un fossé rempli par la rivière la fermait du côté de la terre [1], et en avant de ce fossé, sur le rivage, les Anglais avaient établi un redoutable boulevard qu'il fallait emporter avant d'attaquer la bastille. Sire Guillaume Gladesdale, un des plus terribles chevaliers anglais, y commandait. Il avait avec lui la fleur des meilleurs gens de guerre et une nombreuse artillerie.

L'assaut fut rude; il commença sur les dix heures du matin; tous les chevaliers de France étaient là; le bâtard d'Orléans, les sires de Raiz, de Gaucourt, de Graville, de Guitry, de Villars, de Chailly, de Coaraze, d'Illiers, de Thermes, de Gontaut, l'amiral Culant, la Hire, Saintraille. Les Anglais se défendaient avec une vaillance et une hardiesse de maintien que rien n'ébranlait. A coups de canon et de flèches ils écartaient les assaillans, et lorsque les Français dressaient leurs

[1] Monstrelet.

échelles, ils les renversaient avec les haches, les maillets de plomb et les guisarmes. Enfin, vers une heure après midi, la Pucelle, qui s'était montrée avec autant de valeur que personne, qui n'avait cessé de les encourager tous et de crier que l'heure approchait où les Anglais allaient être déconfits, voyant que les Français commençaient à être las et abattus, prit une échelle, l'appliqua contre le rempart, et y monta la première [1]. Au moment même, un trait vint la frapper entre le cou et l'épaule ; elle tomba dans le fossé ; les Anglais allaient descendre et l'entourer. Le sire de Gamaches arriva à son secours, la défendit avec sa hache [2]. « Prenez mon cheval. Sans rancune, » j'avais à tort mal présumé de vous. — Ah ! » dit-elle, sans rancune, car jamais je ne vis » un chevalier mieux appris. » Elle ne pouvait monter à cheval ; la blessure était grave. On emporta la Pucelle, on la désarma ; la flèche sortait de près d'un demi-pied par derrière [3].

[1] Dépositions de Thibaut d'Armagnac et de Robert de Sariaux. — Interrogatoires de la Pucelle.

[2] Vie de Guillaume de Gamaches

[3] Dépositions de Dunois, de Contes, de Pasquerel.

La douleur et l'effroi la prirent; elle se mit à pleurer; mais après avoir prié un moment, elle eut la vision de ses deux saintes [1], et elle se sentit consolée. Elle-même arracha la flèche. Des gens d'armes s'approchèrent, et lui offrirent de charmer la blessure par des paroles merveilleuses, ainsi que cela se pratiquait souvent parmi les hommes de guerre. « J'aime-
» rais mieux mourir, dit-elle, que de pécher
» ainsi contre la volonté de Dieu. Je sais bien,
» ajouta-t-elle, que je dois mourir un jour;
» mais je ne sais ni où, ni quand, ni com-
» ment. Donc si l'on peut, sans pécher, guérir
» ma blessure, je le veux bien. » On mit sur sa plaie un appareil d'huile et de vieux lard; elle continua à prier avec ferveur.

Cependant sa blessure et tant d'heures passées à un assaut inutile avaient jeté les Français dans le découragement et la fatigue. Les capitaines firent sonner la retraite, et ordonnèrent d'emmener les canons. Jeanne pria le bâtard d'Orléans d'attendre encore un peu [2].

---

[1] Interrogatoires de la Pucelle.
[2] Dépositions de Dunois, de Daulon, de Contes.

« En mon Dieu, répétait-elle, nous entrerons
» bientôt; faites un peu reposer nos gens : buvez
» et mangez. » Elle reprit ses armes, remonta
à cheval; mais, avant de retourner à l'attaque,
elle se retira seule dans une vigne voisine pour
prier Dieu.

Son étendard était resté aux mains de celui
qui le portait, au bord du premier fossé, devant le boulevard, Le sire Daulon, que cette
retraite affligeait beaucoup, imagina que si cet
étendard, auquel les gens de guerre avaient si
grande affection, était porté en avant, on le
suivrait. Il le remit à un brave serviteur du sire
de Villars, et tous deux seuls ils descendirent
dans le fossé. La Pucelle, qui vit de loin remuer
son étendard, arriva sur-le-champ, le saisit et
voulut le ravoir. Ces mouvemens, qui agitaient
la bannière, parurent aux Français un signal
de la Pucelle, et bientôt ils reprirent l'attaque
avec un nouveau courage; tandis que les Anglais, effrayés de la revoir sur le bord du fossé,
quand ils la croyaient à demi morte de sa blessure, se troublèrent et se remplirent d'épouvante.

En même temps, l'attaque des bourgeois

commençait du côté de la ville; les canons et les coulevrines tiraient ainsi de part et d'autre sur le fort des Tournelles [1]. Les Anglais commençaient à manquer de poudre. Bientôt les gens d'Orléans, à l'aide d'un brave charpentier, placèrent une poutre sur l'arche brisée qui les séparait des Tournelles. Le commandeur de Giresme y passa le premier. Les Anglais se trouvaient ainsi entre deux assauts; leur frayeur s'en allait croissant; il y en avait qui voyaient en l'air l'archange saint Michel, et saint Aignan le patron d'Orléans, montés sur des chevaux blancs, et combattant pour les Français. Il n'y avait plus à se défendre. Sir Guillaume Gladesdale voulut alors abandonner le boulevart qu'il avait si bien gardé, et se retirer dans la bastille elle-même, derrière le second fossé. « Rends-toi, lui criait de loin la Pucelle, rends-» toi au roi des cieux [2]. Ah! Glacidas, tu m'as » vilainement injuriée; mais j'ai grand'pitié de » ton âme et de celle des tiens. » Un pont-levis communiquait du boulevart à la bastille.

[1] Journal du siége. — Chronique de la Pucelle.
[2] Déposition de frère Pasquerel.

Pendant que le chef anglais y passait avec une foule de ses gens, une bombarde dirigée par l'ordre du sire Daulon brisa ce pont. Sir Guillaume Gladesdale tomba dans l'eau et se noya. Avec lui périrent le sire de Pommiers, le sire de Moulines et d'autres chevaliers anglais ou du parti anglais, au grand regret des assaillans, qui en espéraient de bonnes rançons. On entra donc dans la bastille sans nouveau combat; le pont fut rétabli à la hâte avec des planches; et la Pucelle, ainsi qu'elle l'avait annoncé, rentra dans la ville par le pont. Glacidas avait aussi péri, comme elle le lui avait dit quelques jours auparavant. Elle avait été blessée, après l'avoir prévu souvent et depuis long-temps. Tout se montrait en elle de plus en plus miraculeux. Bien qu'elle fût accompagnée de tant de braves chevaliers qui, certes, avaient vaillamment combattu, la victoire semblait seulement son ouvrage [1]. Aussi l'on peut imaginer quel triomphe ce fut que sa rentrée dans Orléans; les cloches sonnèrent toute la nuit; le *Te Deum*

[1] Dunois, Daulon, Pasquerel, Chronique de la Pucelle, Journal du siége, Journal de Paris, Monstrelet.

fut chanté; chacun répétait à l'envi les merveilleuses circonstances de la journée ; c'était à qui en ferait les plus incroyables récits [1].

Mais ce qui semblait plus surprenant, c'est que les Anglais de la rive droite n'avaient pas fait le moindre signe de secourir la bastille des Tournelles, ni d'attaquer la ville, durant qu'elle était dégarnie de ses meilleurs défenseurs. Pendant la nuit, et au bruit des réjouissances d'Orléans, le comte de Suffolk, le lord Talbot et les autres chefs anglais s'assemblèrent en conseil, et résolurent de lever le siége, de crainte qu'il ne leur en arrivât autant qu'à sir Guillaume Gladesdale. Cependant ils ne voulurent point se retirer avec honte. Dès la pointe du jour, après avoir mis le feu à leurs logis et à leurs bastilles, ils rangèrent tous leurs gens en bataille jusque sur les fossés de la ville, et là ils semblaient offrir le combat aux Français. A cette vue, les capitaines qui étaient dans Orléans sortirent, et plusieurs d'entr'eux auraient voulu sans doute accepter ce défi ; mais

---

[1] Interrogatoires de la Pucelle. — Lettres du seigneur de Rotslaër. — Frère Pasquerel.

la Pucelle, que sa blessure tenait au lit, se leva tout aussitôt, se revêtit de cette armure légère faite en maille de fer, qu'on nommait jaseron, et courut aux portes de la ville. Les Français se mettaient déjà en ordre pour combattre, mais elle leur défendit d'attaquer. « Pour l'a-
» mour et l'honneur du saint dimanche, ne
» les attaquez point les premiers, et ne leur
» demandez rien; car c'est le bon plaisir et la
» volonté de Dieu, qu'on leur permette de s'en
» aller, s'ils veulent partir; s'ils vous assaillent,
» défendez-vous hardiment; vous serez les
» maîtres[1]. »

Pour lors elle fit apporter une table et un marbre béni; on dressa un autel, les gens d'église se mirent à chanter des hymnes et des cantiques d'actions de grâces, puis on célébra deux messes. « Regardez, dit-elle; les Anglais
» vous tournent-ils le visage ou bien le dos. »
Ils avaient commencé à faire leur retraite en bel ordre, leurs étendards déployés. « Laissez-
» les aller; Messire ne veut pas qu'on combatte

---

[1] Journal du siége. — Dépositions de divers habitans d'Orléans.

» aujourd'hui; vous les aurez une autre fois. »
Mais elle eut beau dire : « Ne les tuez pas, il
» suffit de leur départ, » beaucoup de gens se
mirent à les poursuivre, et à frapper sur les
traînards et les bagages. Leurs bastilles furent
trouvées pleines de vivres, d'artillerie, de munitions ; ils avaient abandonné leurs malades
et beaucoup de leurs prisonniers.

Jeanne, le bâtard d'Orléans et tous les
chefs de guerre retournèrent aussitôt après
vers le roi. Il fit, comme on peut penser,
grand accueil et grand honneur à la Pucelle.
Elle, sans plus tarder, voulait qu'il allât se
faire sacrer à Reims. « Je ne durerai qu'un
» an, ou guère plus, disait-elle, il me faut
» donc bien employer [1]. » Cependant rien
ne se décidait; beaucoup de capitaines et de
conseillers étaient d'opinion qu'il fallait attaquer les Anglais en Normandie, où était leur
plus grande puissance, afin de les chasser du
royaume, tandis qu'en marchant vers la Champagne, on leur laissait libre tout le pays de
France, à l'entour de Paris et d'Orléans.

---

[1] Déposition du duc d'Alençon.

Jeanne donnait pour ses raisons que sitôt après le sacre la puissance des ennemis s'en irait toujours diminuant, et que ses voix le lui avaient dit. Tant de retards la chagrinaient beaucoup [1]. Enfin, un jour que le roi tenait conseil avec l'évêque de Castres son confesseur, et Robert-le-Masson sire de Trèves, qui avait toujours grande part à sa confiance, et qui avait exercé quelque temps l'office de chancelier de France, la Pucelle vint frapper doucement à la porte. Le roi, sachant que c'était elle, la fit entrer; elle embrassa ses genoux : « Noble Dauphin, » dit-elle, ne tenez pas tant et de si longs con- » seils, venez recevoir votre digne sacre à » Reims. On me presse beaucoup de vous y » mener. » L'évêque de Castres vit bien qu'elle voulait parler de ses visions. « Jeanne, dit-il, » ne pouvez-vous pas déclarer devant le roi, » la manière dont votre conseil vous a parlé? » — Oui, ajouta le roi, voulez-vous pas nous » le dire? — Ah! je vois, reprit-elle avec un » peu d'embarras, vous pensez à la voix que

[1] Déposition de Dunois. — Chronique de la Pucelle.

» j'ai entendue touchant votre sacre; eh bien!
» je vous le dirai : je me suis mise en oraison,
» en ma manière accoutumée, et je me com-
» plaignais que vous ne vouliez pas croire ce
» que je disais; pour lors la voix est venue, et
» a dit: Va, va, ma fille, je serai à ton aide,
» va! Quand cette voix me vient, je me sens
» réjouie merveilleusement, et je voudrais que
» cela durât toujours. » Et elle levait les yeux
au ciel, comme tout heureuse et attendrie.

Tout ce qu'elle avait accompli déjà donnait tant de confiance, le peuple avait tant de foi en elle, et l'adorait si bien comme venant de Dieu, qu'on résolut de songer au voyage de Reims. Cependant il n'y aurait eu nulle prudence à l'entreprendre avant d'avoir chassé les Anglais des villes qu'ils occupaient entre la Loire et la Seine, sur les routes d'Orléans à Paris. On assembla de nouveau les nobles et les gens de guerre, qui s'étaient séparés faute d'argent. Le duc d'Alençon venait d'achever le paiement de sa rançon; il fut le chef de l'armée. La duchesse sa femme ne le voyait point partir sans chagrin : « Nous venons, disait-elle,
» de dépenser de grandes sommes pour le ra-

» cheter des Anglais, et s'il me croyait, il de-
» meurerait. — Madame, disait Jeanne, je
» vous le ramènerai sain et sauf, voire même
» en meilleur contentement qu'à présent;
» soyez sans crainte. » Sur cette promesse, la
duchesse fut rassurée.

L'assemblée des hommes d'armes n'était pas
encore nombreuse. On partit de Selles en Berri,
où était venu le roi, et lorsqu'on fut arrivé près
d'Orléans, un renfort, conduit par le Bâtard et
le sire d'Illiers, en sortit et vint rejoindre le duc
d'Alençon. Le tout ne faisait cependant que
douze cents lances; avec leurs archers et leurs
coutilliers, c'était trois mille six cents hommes. On avait résolu d'attaquer Jargeau, que
défendaient le comte de Suffolk, ses deux frères
et d'autres chefs anglais; mais il y avait du
péril à tenter l'entreprise avec si peu de monde.
Les capitaines consultèrent entre eux [1]; la
Pucelle voulait toujours qu'on attaquât : « Ne
» faites point difficulté de donner assaut à ces
» Anglais, car Dieu conduit votre œuvre; et
» n'était cela, j'aimerais mieux garder mes bre-

[1] Déposition du duc d'Alençon.

» bis que de venir en de tels périls. » Nonobstant la puissance des paroles de Jeanne, on passa par Orléans, où devaient encore s'assembler d'autre gens d'armes; car il en venait de tous côtés, et c'était l'argent seul qui manquait pour payer leur solde.

Enfin le 11 juin, le duc d'Alençon, avec tous les vaillans chevaliers qui avaient défendu Orléans, s'en vint devant Jargeau. Le comte de Suffolk était sorti de la ville, et avait rangé sa garnison en bataille; les Français ne s'y attendaient point; ils arrivaient en mauvais ordre. Assaillis à la hâte, le trouble se mit parmi eux. Déjà la journée semblait perdue; mais la Pucelle ne perdit point courage; elle prit son étendard, et se porta la première en avant contre les Anglais. Ses paroles, son bon exemple, l'assurance que tous les gens de guerre mettaient en elle, rétablirent le combat. Les Anglais ne s'épouvantèrent point; mais ils ne purent soutenir l'effort des Français; ils rentrèrent dans Jargeau.

Le lendemain, les canons et les bombardes commencèrent à tirer sur la ville. Les assiégés avaient aussi une forte artillerie. Le duc d'Alençon s'étant trop avancé, la Pucelle lui cria de s'éloigner, que la bombarde ennemie allait tirer sur lui. Il se recula, et au moment même le sire du Lude fut tué au lieu où il était. Ce prince était déjà un de ceux qui avaient le plus de croyance et d'affection pour Jeanne; il admira bien plus encore la science que Dieu avait mise en elle.

Il fallait presser ce siége, car les Anglais attendaient de Paris un renfort considérable, qu'ils demandaient sans cesse au duc de Bedford, et que devait commander sir Fastolf, ce capitaine si redouté des Français [1]. La crainte de le voir arriver troublait le cœur de plus d'un homme d'armes; la Pucelle lès rassurait tous. Enfin, le troisième jour il y eut brèche suffisante. Le comte de Suffolk demanda alors à traiter, promettant de rendre la ville dans quinze jours, s'il n'était pas secouru. On lui répondit que tout ce qu'on pouvait accorder aux Anglais, c'était la vie sauve et la permission d'emmener leurs chevaux. « Autrement, » ils seront pris d'assaut, » disait la Pucelle.

---

[1] Continuation du Journal du siége.

En effet on s'apprêtait à le donner : « En
» avant, gentil duc; à l'assaut ! » cria Jeanne.
Le prince pensait qu'on devait attendre encore un peu. « N'ayez doute, répliqua-t-elle;
» l'heure est prête quand il plaît à Dieu; il
» veut que nous allions en avant, et veut nous
» aider..... Ah! gentil duc, as-tu peur? Tu
» sais que j'ai promis à ta femme de te ramener [1]. »

L'assaut commença; les gens d'armes se jetèrent de tous côtés dans le fossé et le comblaient de fascines. Ils dressaient leurs échelles;
mais les Anglais se défendaient si bien, que
le combat était terrible. Il durait depuis quatre
heures; le comte de Suffolk fit crier qu'il voulait parler au duc d'Alençon; il ne fut point
écouté. La Pucelle, portant son étendard, fit
planter une échelle à l'endroit où la défense
semblait la plus âpre et monta hardiment.
Une grosse pierre, roulée du haut de la muraille, tomba sur sa tête, se brisa sur le casque,
et la renversa dans le fossé. On la crut morte;
mais elle se releva au même moment. « Sus,

---

[1] Déposition du duc d'Alençon.

» sus, amis, criait-elle; notre Sire a con-
» damné les Anglais; à cette heure, ils sont à
» nous. »

L'assaut recommença avec une nouvelle vaillance, et sans tarder la ville fut emportée. Les gens d'armes se mirent aussitôt à poursuivre les Anglais par les rues, et en faisaient un grand carnage, jusque dans les maisons où ils se cachaient. Le comte de Suffolk venait de voir périr son frère Alexandre de la Poole, lui-même était prêt à tomber entre les mains des gens des communes, qui n'épargnaient personne [1]. Il s'adressa à un homme d'armes qui le poursuivait : « Es-tu gentilhomme ? » lui demanda-t-il. « Oui, répondit celui-là, qui était un écuyer du pays d'Auvergne, nommé Guillaume Regnault. « Es-tu chevalier ? » continua le chef des Anglais. « Non, » reprit loyalement l'écuyer. « Tu le seras de mon fait, » dit le comte de Suffolk. Il lui donna l'accolade avec son épée, puis la lui remit et se rendit son prisonnier. Jean de la Poole, son frère, s'était aussi livré à rançon. Le duc d'Alençon

[1] Chronique de la Pucelle

et Jeanne réussirent à les sauver avec une quarantaine d'autres Anglais, en les envoyant à Orléans sur un bateau. Le reste fut tué dans le désordre de l'assaut; et même, comme il advint quelques débats entre les gentilshommes sur le fait de leurs prisonniers, les gens de guerre de moindre état en profitèrent pour les mettre à mort. Le tumulte était si grand, que l'église fut pillée, malgré les ordres de la Pucelle.

De retour à Orléans, on y trouva encore de nouveaux capitaines, car les seigneurs arrivaient maintenant de toutes parts. Ceux qui n'avaient pas assez d'argent pour s'équiper y venaient comme coutilliers ou simples archers, montés sur de petits chevaux. Le comte de Vendôme, le sire de Loheac, son frère Guy de Laval, le seigneur de la Tour-d'Auvergne, et beaucoup d'autres encore, vinrent se joindre au duc d'Alençon et à la Pucelle. Tout aussitôt les Français marchèrent vers Meung-sur-Loire; ils gagnèrent le pont, et laissant le château occupé par une petite garnison anglaise, que commandait lord Scales, ils allèrent devant Beaugency, où commandait le fameux lord Talbot. Il ne se trouva point assez fort ; plaçant une garnison dans la citadelle, il prit sa route vers Janville pour se joindre à la compagnie de gens de guerre qu'amenait de Paris sir Fastolf, et qui venait maintenant trop tard pour sauver Jargeau.

Pendant que le duc d'Alençon mettait le siége devant la forteresse de Beaugency, on sut que le connétable arrivait avec quatre cents lances de Bretagne ou de Poitou, et huit cents archers. Il s'était lassé de sa longue retraite à Parthenay, et avait résolu de servir le roi malgré lui ; car le sire de la Trémoille était plus que jamais en crédit auprès du roi ; et, craignant toujours d'être mis hors du gouvernement, il tenait éloigné le connétable et tous ses amis. Le royaume était de la sorte privé du service de beaucoup de puissans seigneurs ; mais personne n'était assez hardi pour parler contre ce la Trémoille. Il était le maître de la volonté du roi, et l'avait de plus en plus irrité contre le connétable. Sitôt donc qu'on connut son entreprise, on envoya le sire de la Jaille à Loudun, lui signifier de ne pas être assez hardi pour passer outre ; sinon, le roi le

ferait combattre. « Ce que j'en fais, repartit le
» connétable, est pour le bien du roi et du
» royaume, et si quelqu'un vient à combattre,
» nous verrons [1]. »

Le sire de la Jaille lui répondit : « Monsei-
» gneur, il me semble que vous ferez bien. »
Le capitaine d'Amboise lui livra le passage de
la Loire, malgré les ordres du roi. Il arriva
ainsi devant Beaugency, et envoya les sires de
Rostrenen et de Carmoisen demander logement pour lui et ses gens.

Le duc d'Alençon se trouva fort en peine;
il avait commandement précis du roi de ne
point recevoir le connétable [2]. Il commença
par dire qu'il s'en irait plutôt que de le laisser
venir; et la Pucelle, l'entendant parler ainsi,
ne voyait d'abord aucune difficulté à combattre
le duc de Richemont. Cependant le connétable avait des amis dans l'armée; d'ailleurs,
combattre entre Français, lorsqu'on attendait
à chaque moment l'attaque de Talbot et de

---

[1] Mémoires de Richemont.
[2] Déposition du duc d'Alençon. — Mémoires de Richemont. — Chronique de la Pucelle.

Fastolf, n'était pas chose raisonnable. Aussi, comme le duc d'Alençon et la Pucelle allaient monter à cheval, la Hire et quelques autres se mirent à dire que si la Pucelle marchait contre le comte de Richemont, elle trouverait à qui parler, et qu'il y avait assez de gens qui aimeraient mieux le connétable que toutes les pucelles du royaume.

La chose n'était point encore décidée, lorsqu'on apprit qu'en effet Talbot approchait. Pour lors, la Pucelle dit la première qu'il y avait besoin de s'aider les uns des autres. D'autre part, le connétable avait fait parler à Jeanne. On lui avait expliqué que le roi était trompé par de faux rapports; que c'était à elle, par le pouvoir qu'elle avait, à pardonner au connétable ses offenses, s'il en avait commis, et à le recevoir dans l'assemblée des hommes d'armes dont elle était chef. Plusieurs chevaliers lui garantirent, par serment et sous leur sceau, la fidélité du connétable. Elle se montra alors contente de sa venue; et le lendemain, avec le duc d'Alençon, le bâtard d'Orléans, le sire de Laval, et les autres chefs, elle s'en vint à cheval à la rencontre du connétable.

Chacun mit pied à terre, et la Pucelle s'inclina pour embrasser les genoux du prince. « Jeanne, dit-il, on m'a dit que vous vou-
» liez me combattre; je ne sais si vous ve-
» nez de Dieu ou non : si vous êtes de
» Dieu, je ne vous crains en rien ; car Dieu
» sait mon bon vouloir : si vous êtes du
» diable, je vous crains encore moins. »

En effet, il n'y avait pas de plus grand ennemi de la sorcellerie, des sorciers et des hérétiques, que le connétable [1]. Autant il en pouvait découvrir en Bretagne et en Poitou, autant il en faisait brûler sur l'heure même; parfois il trouvait les évêques mêmes trop doux pour un crime si abominable.

Ainsi donc, étant bienvenu de tous, le connétable joignit ses gens à ceux du duc d'Alençon. Selon l'usage, il fut, comme nouveau venu, contraint à commander le guet durant la première nuit; et certes, ce fut la première fois que le guet fut mené par le connétable de France.

Le château de Beaugency ne pouvait plus

[1] Mémoires de Richemont.

se défendre contre tant de gens; la garnison que commandait le sire de Gueten, bailli d'Evreux, obtint de sortir, chaque homme gardant son cheval, son armure, et la valeur d'un marc d'argent.

Lord Talbot et lord Scales, ne pouvant secourir Beaugency, avaient marché sur Meung, pour reprendre le pont. Mais, comme les Français avançaient, les Anglais remontèrent vers la Beauce.

Au premier bruit de l'arrivée des Anglais, renforcés de toute la compagnie que leur avait amenée sir Jean Fastolf, les chefs français s'étaient montrés un moment incertains de ce qu'ils avaient à faire, et s'ils devaient risquer de combattre en plaine campagne. On vit alors quel avantage c'était d'avoir reçu le comte de Richemont. « Ah! beau connétable, lui » dit Jeanne, vous n'êtes pas venu de par » moi, mais vous êtes le très-bien venu. » Le duc d'Alençon lui demanda ce qu'elle croyait qu'il fallût faire [1]. Beaucoup des gens du roi avaient peur; ils se souvenaient d'Azin-

---

[1] Déposition du duc d'Alençon.

court, de Crevant, de Verneuil, de la journée des Harengs. Ils savaient combien les Anglais étaient habiles à disposer les batailles. « Il fera bon avoir des chevaux, disait-on. — » Avez-vous de bons éperons? demanda la » Pucelle. — Comment! s'écrièrent les capi- » taines, devons-nous donc fuir? Non, re- » prit-elle, il faut chevaucher hardiment; nous » aurons bon compte des Anglais, et les » éperons seront d'usage pour les poursui- » vre. »

Ce fut alors que l'on se résolut à marcher après eux vers Janville, à travers la Beauce. La Pucelle encourageait tout le monde : « En » mon Dieu, disait-elle, il les faut combattre. » Quand ils seraient pendus aux nues, nous » les aurons; car Dieu nous a envoyés pour » les punir. Le gentil roi aura aujourd'hui » la plus grande victoire qu'il ait jamais eue ; » mon conseil m'a dit qu'ils étaient à nous. »

En même temps le connétable fit porter son étendard en avant, et chacun le suivit [1].

On forma une forte avant-garde des gens

---

[1] Mémoires de Richemont.

d'armes les mieux montés, et pour les conduire on choisit la Hire, Saintraille, Ambroise de Loré, le sire de Beaumanoir, Jamet de Tillay et d'autres braves chevaliers. Jeanne aurait bien voulu être de cette avant-garde [1] ; on préféra qu'elle demeurât au corps de bataille avec le duc d'Alençon, le connétable, le Bâtard, le maréchal de Boussac, l'amiral ; les seigneurs d'Albret, de Laval, de Gaucourt.

La Hire et les chefs de l'avant-garde avaient commandement de serrer les Anglais de façon à ne leur point laisser le temps de se ranger en un lieu fort et de se retrancher. Ils s'en allaient chevauchant dans cette belle plaine de Beauce, où le pays n'offrait nul lieu à s'appuyer, que de loin en loin quelques jeunes bois [2]. Quand la Hire fut arrivé, avec soixante ou quatre-vingts des siens, au lieu nommé les Coignées ; près de la ville de Patai, un cerf partit tout d'un coup devant lui, et peu après on entendit les cris et le bruit qu'avait élevés

---

[1] Dépositions de Louis de Coutes.

[2] Mémoires de Richemont — Monstrelet. — Chronique de la Pucelle. — Tripaut.

l'animal parmi l'armée anglaise, ou il s'alla jeter [1]. Les capitaines français ainsi avertis que l'ennemi était là, et que l'heure était venue, rangèrent leurs gens en bon ordre.

De leur côté les Anglais étaient dans de grandes incertitudes. Sir Fastolf et d'autres étaient d'avis de ne point combattre, mais de se retirer et de se mettre dans les châteaux, villes et forteresses, en abandonnant la campagne, afin d'attendre les renforts qui viendraient bientôt d'Angleterre; ils disaient que leurs gens étaient encore tout effrayés et ébahis des pertes qu'ils avaient faites devant Orléans et à Jargeau : qu'au contraire les Français étaient animés et enorgueillis : qu'il fallait donner aux esprits le temps de se rassurer, et ne rien précipiter.

Lord Talbot fut d'autre opinion, et voulut combattre puisque les Français présentaient bataille. Puis il y eut encore consultation sur l'ordonnance du combat. Les uns voulaient qu'on mît pied à terre à la place même où l'on était, et se trouvaient assez bien retranchés sur

[1] Monstrelet.

leur flanc par une forte haie qui arrêterait les chevaux des Français. D'autres voulaient prendre une meilleure position, et s'appuyer d'une part sur une forte abbaye du village de Patai, de l'autre sur un petit bois. Pendant le mouvement d'un quart de lieue qu'il fallut faire pour aller s'y placer, l'avant-garde française avait galopé grand train, en suivant la marche des ennemis [1]. Avant que les Anglais fussent rangés, avant que tous leurs hommes d'armes eussent mis pied à terre, avant que les archers eussent planté devant eux leurs pieux aiguisés, les Français, encouragés par la mauvaise défense qu'ils voyaient depuis quelque temps faire à leurs anciens adversaires, se jetèrent de plein choc tout au travers. Le combat ne fut pas long. Sir Jean Fastolf, le bâtard de Thian, et ceux qui n'étaient pas descendus de cheval, prirent presque aussitôt la fuite. Lord Talbot et les autres capitaines ne purent rallier leurs gens. Le corps de bataille des Français arriva, et acheva la défaite. Il y eut un grand massacre des archers et de ces pauvres gens des com-

---

[1] Mémoires de Richemont. — Monstrelet. — Chartier.

munes d'Angleterre, que depuis tant d'années on amenait mourir en France, et qui, vainqueurs ou vaincus, ne revoyaient guère leur pays [1]. Lord Talbot, lord Scales, lord Hungerford, et la plupart des capitaines anglais, se rendirent prisonniers. « Hé bien, seigneur » Talbot, lui dit le duc d'Alençon, vous ne » vous attendiez pas à cela ce matin ? — C'est » la fortune de la guerre, » répondit l'Anglais sans s'émouvoir. On lui montra, ainsi qu'au comte de Suffolk, déjà prisonnier depuis Jargeau, la prophétie de Merlin, qui avait annoncé que la France serait sauvée par une vierge [2].

La poursuite des fuyards dura long-temps, et ceux qui n'avaient pas de quoi se racheter étaient, comme à la coutume, traités bien cruellement. Jeanne n'endurait point avec patience cette méchanceté des gens de guerre. Comme devant elle un prisonnier fut frappé à la tête et abattu tout sanglant, elle descendit de cheval, le soutint dans ses bras, fit appe-

---

[1] Monstrelet.
[2] Déposition du duc d'Alençon.

ler un confesseur; en attendant elle le soignait et s'efforçait de lui donner bonnes pensées et bon courage [1].

Cependant le duc de Bedford était à Corbeil, attendant des nouvelles des Anglais, lorsqu'il y vit arriver sir Jean Fastolf en fugitif. Sa colère fut si grande, que, sans se souvenir de la bataille des Harengs, il lui ôta le ruban de la Jarretière. Il revint à Paris; la ville était toute troublée du bruit de la victoire des Français. On disait que les Armagnacs allaient arriver [2]. Le conseil fut assemblé et les serviteurs du roi anglais pleuraient en écoutant le récit des misères et de la destruction de leurs gens. On travailla nuit et jour à fortifier la ville; on augmenta le guet. Pour plus de sûreté, on changea le prevôt des marchands et les échevins, et ils furent remplacés par des bourgeois encore plus ennemis des Français.

Ce qui était le plus nécessaire, c'était d'avoir des secours d'Angleterre. Le duc de Bedford

---

[1] Déposition de Louis de Contes.

[2] Monstrelet. — Journal de Paris. — Registre du Parlement.

en demandait depuis long-temps; mais les discordes du duc de Glocester et du cardinal de Winchester troublaient toutes les affaires. Il écrivit de nouveau.

« Toutes choses prospéraient ici pour vous, disait sa lettre, jusqu'au temps du siége d'Orléans, entrepris Dieu sait par quels conseils. Après la mort de mon cousin de Salisbury, que Dieu absolve, qui est tombé, ce semble, par la main de Dieu, vos troupes, qui étaient en grand nombre à ce siége, ont reçu un terrible échec. Cela est arrivé, en partie, comme nous nous le persuadons, par la confiance que les ennemis ont eue en une femme née du limon de l'enfer, et disciple de Satan, qu'ils appellent la Pucelle, laquelle s'est servie d'enchantemens et de sortiléges. Cette défaite a non-seulement diminué le nombre de vos troupes, mais en même temps a fait perdre courage à celles qui restent, d'une manière étonnante. De plus elle a encouragé vos ennemis à s'assembler incontinent en grand nombre. »

La ressource des chefs d'Angleterre contre l'épouvante inspirée par la Pucelle était en effet de la traiter de sorcière et de magicienne. Cependant la renommée ne publiait rien que d'édifiant de cette sainte fille. Tous ceux qui l'approchaient ne voyaient en elle que piété, douceur et courage. Fût-elle venue de l'enfer, il n'y avait pas là de quoi diminuer la frayeur des archers d'Angleterre; aussi leurs capitaines ne savaient quels discours leur tenir [1].

Le duc de Bedford avait maintenant grand repentir de s'être montré si hautain envers son beau-frère de Bourgogne ; rien n'était plus pressant que de l'apaiser. On résolut, d'accord avec les Parisiens, de lui envoyer une solennelle ambassade, afin de lui exposer l'étrange état des affaires, et de le conjurer de venir au plus tôt à Paris, pour aviser ce qu'il était à propos de faire. L'évêque de Noyon, deux docteurs de l'université et plusieurs notables bourgeois se rendirent à Hesdin, où était pour lors le Duc, qui relevait de maladie. Il les reçut bien et leur promit de venir bientôt à Paris. Il y

---

[1] Monstrelet. — Journal de Paris. — Registre du Parlement.

arriva le 10 juillet, avec six ou sept cents combattans assemblés à la hâte dans son comté d'Artois. Sa venue rendit courage aux partisans des Anglais et des Bourguignons. De grands conseils furent tenus ; les promesses et les alliances furent renouvelées et confirmées entre les deux beaux-frères. Pour ranimer encore mieux les esprits des Parisiens, et réveiller leur vieille haine contre les Armagnacs, les deux ducs ordonnèrent une grande cérémonie. Un sermon fut d'abord prêché à Notre-Dame, devant eux ; puis ils se rendirent en procession solennelle au Palais. Là, en présence du Parlement, des maîtres des requêtes, de l'évêque, du chapitre, du prevôt des marchands, des principaux bourgeois, on donna lecture de l'ancien traité conclu au Ponceau entre le feu duc Jean et le Dauphin, puis il fut fait un récit de l'assassinat de Montereau, où rien ne fut épargné pour rendre odieux le roi et ses partisans. Après cette lecture, il s'éleva, dans toute l'assistance, un grand murmure et des cris contre les Armagnacs. Le duc de Bourgogne, ayant demandé à parler, reproduisit sa plainte contre Charles de Valois, et déclara qu'il voulait venger le meurtre de son père. Alors les gens du Parlement et les plus notables bourgeois renouvelèrent par acclamations leur serment au traité de Troyes. Durant un mois, on ne fit que demander et recevoir de tous la confirmation de ce serment.

Le lendemain de cette cérémonie le duc de Bourgogne repartit pour la Flandre, emmenant avec lui sa sœur, la duchesse de Bedford, qui passait pour avoir quelque crédit sur son esprit. Il laissa à Paris le sire de l'Isle-Adam, avec environ sept cents combattans. Il envoya aussi, peu après, une garnison à Meaux, sous le commandement du bâtard de Saint-Pol. C'eût été bien peu pour rassurer et défendre les Parisiens; mais dans le même moment le régent recevait d'Angleterre un renfort de deux cent cinquante lances et de deux mille archers. Cette assemblée de gens de guerre avait été faite par le cardinal de Winchester, sur la demande du pape, afin d'aller contre les hérétiques de la Bohême, qu'avaient pervertis les erreurs de Jean Hus. Les affaires des Anglais en France étaient devenues si difficiles, qu'il fallut bien que le conseil de Londres permît au duc de Bedford de retenir, pour servir contre les Français, tous ces gens de la croisade. Avec ce secours et les garnisons de Normandie, le régent espérait aviser au danger pressant où il se trouvait, et qui s'accroissait chaque jour; car, après la bataille de Patai, et durant tous ces préparatifs des Anglais, le roi Charles, ainsi qu'on va le raconter, s'était emparé de la Champagne. Il ne s'agissait plus maintenant de traiter le duc Philippe avec un superbe dédain. « Monseigneur de Bourgogne, écrivait le duc de Bedford en Angleterre, a fait grandement et honorablement son devoir d'aider et de servir le roi, et s'est montré en ce besoin, de plusieurs manières, vrai parent, ami et loyal vassal du roi dont il doit être bien honorablement recommandé ; n'eût été sa faveur, Paris et tout le reste étaient perdus de ce coup. On vous dira comment le Dauphin s'est mis en campagne de sa personne, à très-grosse puissance ; et pour la crainte qu'on en a déjà, plusieurs bonnes villes, cités et châteaux, sans attendre siége, se sont mis en obéissance. Aujourd'hui 16 de juillet, il doit arriver à Reims; demain on lui ouvrira les portes, lundi il se fera sacrer; incontinent après son sacre, il a intention de venir devant Paris, et espère y entrer [1]. »

[1] Rymer.

FIN DU TOME CINQUIÈME.

www.ingramcontent.com/pod-product-compliance
Lightning Source LLC
Chambersburg PA
CBHW050257170426
43202CB00011B/1724